Les Publications de l'Université Euromed de Fès

FUSION DES HORIZONS

Abderrahmane Haddad

Précis de l'organisation administrative marocaine

L'Harmattan

ACC
كرسي تحالف الحضارات
ALLIANCE OF CIVILIZATIONS CHAIR
CHAIRE ALLIANCE DES CIVILISATIONS

UEMF
الجامعة الأورومتوسطية بفاس
EUROMED UNIVERSITY OF FES
UNIVERSITÉ EUROMED DE FÈS

5-7, rue de l'École-Polytechnique ; 75005 Paris

http://www.editions-harmattan.fr

ISBN : 978-2-336-54012-2

EAN : 9782336540122

INTRODUCTION GÉNÉRALE

Pour comprendre la notion d'organisation administrative, ses principes, ses institutions et son régime juridique, il est primordial de situer en premier lieu l'administration par rapport à l'État, la fonction administrative par rapport à la fonction gouvernementale. Ces deux fonctions entretiennent un rapport hiérarchique. La fonction gouvernementale ou politique est supérieure à la fonction administrative. Cette dernière lui est par conséquent subordonnée. Par leur étymologie, les notions de gouvernement et d'administration reflètent cet ordre hiérarchique des choses.

« Gouverner » rappelle la fonction d'un gouvernail de navire, c'est une mission de direction et d'initiative. De ce fait, le gouvernement se situe au niveau supérieur, celui de l'initiative, de l'impulsion et de la décision. Augsute Vivien faisait du gouvernement le synonyme du pouvoir politique. C'est lui qui constitue l'instrument du progrès, le représentant de la société.[1]

Mais le pouvoir politique n'est en substance qu'une poignée de responsables et de dirigeants répartis, selon la fameuse théorie de la séparation des pouvoirs, entre gouvernement et parlement. Mieux encore, ces responsables et dirigeant exercent leurs fonctions à partir de la capitale du pays. Le grand défi dans ce cadre serait de trouver des mécanismes et d'identifier des institutions et des procédures qui permettraient à ces dirigeants d'asseoir leurs politiques et de faire exécuter leurs directives et leurs règles, sur l'ensemble de la population, sur la totalité du territoire national et selon le même rythme, les mêmes procédures et le même calendrier. C'est pour résoudre ce défi que la fonction administrative était devenue plus que nécessaire, voire vitale pour la survie de l'État.

L'étymologie du terme « administration » a pour origine le mot latin « *ministrare* » qui signifie servir pour, qui vient lui-même de *ministris* qui signifie serviteur. Le radical « *minus* » renvoie à

---

[1] Auguste Vivien, *Études administratives,* Guillaumin, 2e éd., t. I, Paris, 1852, pp. 29 et 30.

une situation de subordination où l'administration est placée par définition au-dessous de la personne ou de l'autorité qui détient le pouvoir et qui aurait la faculté de décider. Le préfixe *ad* renvoie à l'idée de but et qui fait que l'administration a pour mission d'exécuter les règles et les politiques décidées par le pouvoir politique. [2]

La fonction administrative est donc une fonction exécutive. Elle se concentre sur la concrétisation des pouvoirs reconnus au gouvernement. La fonction administrative est une fonction de conseil et de direction. La fonction administrative est celle d'exécution. Il est de coutume de dire que le pouvoir politique est la tête qui pense alors que l'administration est le bras qui exécute.

Mais pour qu'elle mène à bien cette tâche, l'administration requiert la réunion des conditions suivantes :

- Une multitude d'organes et de structures ;

- Une présence effective et permanente sur les différentes parties du territoire national, dans toutes les régions et à tous les niveaux territoriaux, même les plus reculés et les plus aigus ;

- Des compétences bien définies ;

- Des pouvoirs à même de lui permettre d'imposer l'exécution et d'assurer l'effectivité des décisions de la tête, le gouvernement.

Mais ces conditions primordiales portent en elles-mêmes deux risques majeurs. Le premier risque est celui de se retrouver devant un mille-feuille de structures et d'organes, un réseau interminable de structures et d'organes. Le deuxième risque est le chevauchement des compétences et des domaines d'intervention de ces différents organes et structures. D'où la nécessité d'organiser ces structures administratives et leurs fonctions.

C'est pour répondre à cet objectif et faire face aux deux défis mentionnés que l'organisation administrative a été conçue.

---

[2] Rolland Drago, *Cours de science administrative*, Paris, 1970, p. 1.

Pratiquement, l'organisation administrative consiste à apporter des réponses et des précisions à trois niveaux :

- Le niveau territorial : la question ici est de fixer à chaque administration un échelon ou un périmètre territorial d'intervention. On aura de ce fait des administrations avec un périmètre d'intervention nationale et d'autres avec un périmètre d'intervention plus limité c'est-à-dire local. Ce critère permet en fin de compte de distinguer les administrations centrales dont la compétence concerne tout le territoire national des administrations locales dont la compétence est limitée à une zone territoriale bien déterminée.

- Le niveau matériel : Il s'agit à ce niveau de fixer à chaque administration une ou plusieurs compétences. Sur cette base, il serait possible une autre distinction, celle des administrations à compétence générale et des administrations à compétence spéciale.

- Le niveau statutaire : La question à traiter ici est celle de l'autonomie. Il s'agit pour l'État de décider des cas où cette autonomie sera reconnue à une administration. Ce niveau statutaire permet enfin de faire la part des choses entre administrations jouissant de la personnalité juridique et d'autres qui n'en jouissent pas avec toutes les conséquences qui en découlent dans le premier cas comme dans le deuxième.

Le rôle du Droit Administratif en matière d'organisation administrative est donc de mettre de l'ordre dans la fonction administrative. C'est de cette vision que sont nés les principes fondateurs de l'organisation administrative, mondialement reconnus. Toutefois, les choix à effectuer en termes de périmètres d'intervention et de répartition des compétences est en fin de compte un choix politique étatique, d'où justement leur caractère relatif et évolutif. Ces choix dépendent en effet de plusieurs variables dont notamment la nature démocratique du régime politique, le degré d'interventionnisme étatique et la nature du modèle économique adopté, libéral ou dirigiste. Sur la base de choix, chaque État adopte les principes universels d'organisation administrative et les adapte avec ces choix politiques et économiques.

Quels sont donc ces principes ?

CHAPITRE I : LES PRINCIPES D'ORGANISATION ADMINISTRATIVE

Pour mettre en place une organisation administrative, tout État serait appelé à adopter des choix sur les trois niveaux précédemment mentionnés en introduction, à savoir le territorial, le fonctionnel et le statutaire. L'élaboration de ces choix passe par l'adoption d'une architecture qui s'inspire de trois grands principes :

- La centralisation ;
- La déconcentration ;
- La décentralisation.

L'organisation administrative est un amalgame de ces trois principes dont la dose respective diffère d'un État à un autre, en tenant compte des variables politiques et économiques de celui-ci.

I- LA CENTRALISATION

La centralisation est un mode d'organisation administrative où toutes les décisions sont prises à partir de la capitale. En effet, les services centraux monopolisent le pouvoir de décision sur l'ensemble du territoire national. C'est donc un système de concentration de pouvoir. Dans ce cas les différentes administrations se trouvant sur les différents échelons territoriaux locaux sont réduites à de simples "guichets" dont la mission et la raison d'être se limitent à exécuter à la lettre les décisions provenant des administrations centrales et, de ce fait, elles ne peuvent prétendre à aucune forme d'autonomie.

Contrairement aux États composés, de forme fédérale ou confédérale, qui disposent par la force de l'acte juridique constitutif de la fédération ou de la confédération de pouvoirs propres, les États unitaires semblent pouvoir être les plus concernés par la formule centralisatrice. En effet ce type d'État est marqué par l'existence d'un seul et unique pouvoir qui exerce sa compétence souveraine sur l'ensemble de son territoire. Ceci étant, la centralisation administrative n'est pas la conséquence immédiate de l'unité de l'État. Elle n'est pas sa marque originale et indélébile. Des États unitaires peuvent bel et bien adopter des formules d'organisation administrative non centralisées où le pouvoir central abandonne son monopole de décision et d'action.

La centralisation administrative est un système qui comporte des avantages certains mais aussi des inconvénients. En termes d'avantages, la centralisation soumet tous les administrés aux mêmes règles et aux mêmes procédures. Elle concrétise le principe d'égalité. Toutefois, ce choix comporte ses propres défauts. On peut en citer deux. Le premier est l'engorgement des administrations centrales qui de ce fait se trouvent être responsables de traiter toutes questions et tous les problèmes et d'en apporter les solutions. Ces administrations sont les seules destinataires des demandes et doléances des administrés et sont seules compétentes pour y répondre.

Le deuxième défaut est celui de l'inadaptation des décisions prises par le centre avec les conditions réelles vécues au niveau de la périphérie. Les administrations centrales œuvrent en effet pour appliquer leurs directives de façon identique sur chaque partie du territoire national. Or cette manière de faire néglige les spécificités locales de chaque région, ce qui met en péril l'efficacité même de l'action administrative et risque de dégrader les rapports de l'administration avec ses administrés.

Au vu de ces inconvénients, les États ont dû revoir le régime de la centralisation administrative afin d'atténuer son caractère centraliste par un régime de déconcentration administrative.

II- LA DÉCONCENTRATION

1- Définition

La déconcentration est un mode d'organisation administrative où le pouvoir central accepte de déléguer une partie, plus ou moins consistante, de ses compétences à ses représentants locaux. C'est donc une formule d'aménagement des rapports entre les autorités centrales et les autorités locales. Celles-ci se voient alors investies d'un pouvoir d'action et de décision qui leur est octroyé par les administrations centrales.

Sur le plan organisationnel, chaque administration centrale dispose d'un réseau de représentations implantées dans les différentes parties du pays et qui portent l'appellation de services déconcentrés. Ces services sont chargés d'exécuter dans leur ressort territorial les politiques et directives de leurs ministres respectifs dans les domaines qui leur sont impartis. A la tête de chaque service déconcentré se trouve un représentant du ministre nommé par arrêté de celui-ci, à l'exception des préfectures et provinces, services dé concentrés du ministère de l'intérieur, dont les chefs appelés walis ou gouverneurs sont nommés par dahir du Roi.

2- Mise en œuvre

Sur le plan fonctionnel, la déconcentration s'effectue à travers le procédé de délégation. Celui peut prendre deux formes : délégation de signature et délégation de pouvoir.

La délégation de signature est un acte juridique par lequel l'autorité détentrice du pouvoir, appelée délégant, transfère la faculté de signer certains documents administratifs au service déconcentré. Ce transfert s'effectue par arrêté. Le décret du 30 octobre 2008 relatif à la délégation de signature des ministres, secrétaires d'État et sous-secrétaires d'État donne le droit aux autorités gouvernementales de déléguer à leurs fonctionnaires d'un grade égal ou supérieur à un chef de service le pouvoir de signer ou de viser, en leur nom, les actes relatifs au fonctionnement de leurs services, à l'exception des décrets et des arrêtés réglementaires.[3]

Le même décret prévoit la possibilité pour les autorités gouvernementales de déléguer aux walis, au niveau régional, et aux gouverneurs, au niveau préfectoral et provincial, le pouvoir de signer ou de viser, en leur nom, les actes relatifs aux services déconcentrés, sauf les décrets et les arrêtés de nature réglementaire.

La délégation de signature est susceptible d'être accordée pour une durée déterminée ou indéterminée. Elle peut par ailleurs être annulée de façon discrétionnaire par l'autorité délégante. Par ailleurs l'acte de délégation prend automatiquement fin lorsque l'autorité délégante ou le délégataire cessent d'exercer leurs fonctions.

Au niveau de l'exercice, la délégation de signature ne dépouille pas l'autorité délégante de son pouvoir de signature. Elle peut continuer à l'exercer. Par ailleurs, l'acte de délégation peut être annulé à tout moment par la même autorité.

Le deuxième instrument juridique de déconcentration est la délégation des pouvoirs. Avec ce procédé, l'autorité délégante délègue non pas seulement le pouvoir de signature mais aussi le pouvoir de décision. Cette mesure s'avère plus que nécessaire puisqu'elle permet d'exercer un pouvoir de proximité qui tient compte des spécificités et contraintes locales. Elle permet aussi de rapprocher l'administration des administrés et de soulager le travail des administrations centrales. Contrairement à la délégation de signature, la délégation de compétences a un aspect objectif, car elle reste en vigueur indépendamment du changement de la personne du délégant ou du délégataire. La délégation de signature, elle, est un acte intuitu personae. Cette distinction a une conséquence directe en termes de responsabilité. En effet, le délégant de signature reste

---

[3] Décret n° 2-05-768 du 30 chaoual 1429 (30 octobre 2008) relatif à la délégation de signature des ministres, secrétaires d'État et sous-secrétaires d'État (B.O. n° 5688 du 4 décembre 2008).

responsable pour les fautes commises par son délégataire. Cette responsabilité est à la fois administrative et juridictionnelle. Par contre, dans le cas de délégation de compétences, seul le délégataire peut voir sa responsabilité mise en cause.

Dans tous les cas, et quel que soit le procédé de délégation, les services déconcentrés ne disposent aucunement de la personnalité juridique. Ils agissent en effet au nom et pour le compte de l'autorité gouvernementale ou de l'autorité délégante. De là on comprend la célèbre maxime d'Odilon Barrot (juriste et homme politique français, 1791-1873), par laquelle il a décrit la déconcentration : « C'est le même marteau qui frappe mais on en a raccourci le manche ».

3- Conditions de délégation

La mise en œuvre du procédé de délégation est soumise à quatre conditions :

- La première condition est l'existence d'un texte juridique autorisant la délégation. Ce texte peut être constitutionnel, législatif ou réglementaire. A titre d'exemple, l'article 53 de la constitution qui dispose que le Roi, en sa qualité de Chef suprême des Forces armées royales, nomme aux emplois militaires, mais il peut déléguer cette compétence. De même, l'article 90 de la constitution autorise le chef du gouvernement à déléguer certaines de ses compétences en matière du pouvoir réglementaire aux ministres.

Le fondement juridique de la délégation peut aussi provenir d'un texte infra-constitutionnel, en l'occurrence un dahir, une loi ou un décret. A titre d'exemple :

Le dahir n° 1.71.141 du 24 août 1971 ou le dahir n° 1-99-205 du 29 septembre 1999 donnant délégation au Premier ministre, aux ministres et aux chefs d'administration de nommer aux emplois relevant de leur autorité respective.

La loi organique 113-14 relative aux communes, du 7 juillet 2015, dont l'article 103 autorise le président du conseil communal de déléguer sa signature ou certaines de ses attributions aux vice-présidents.

Le Décret n° 2-05-768 du 30 octobre 2008 autorisant les ministres, secrétaires d'État et sous-secrétaires d'État de déléguer à leurs subordonnés qui occupent les fonctions de chefs de service ou des fonctions assimilées, la signature ou le visa de tous les documents qui relèvent de la compétence de leurs services. Cette délégation ne saurait concerner les décrets ou les arrêtés réglementaires.

- La deuxième condition est la déclaration de l'autorité délégante de sa volonté de déléguer son pouvoir de décision ou de signature à l'autorité délégataire, par arrêté.

- La troisième condition est que la délégation ne peut être totale. Il n'est pas concevable que le délégant délègue l'ensemble de ses pouvoirs.

- La quatrième condition est que le délégataire ne pourrait déléguer les pouvoirs qui lui ont été délégués, sauf si le texte juridique relatif à cette délégation le permet de façon expresse et bien délimitée.

III- LA DÉCENTRALISATION

La décentralisation est le procédé juridique par lequel l'État reconnaît la personnalité juridique à une entité administrative infra-étatique, ce qui permet à celle-ci de bénéficier de l'autonomie administrative et financière et donc de s'autogérer. Selon la nature de l'entité administrative concernée, on peut distinguer deux types de décentralisation :

- Lorsque l'entité est un service public, on parle de décentralisation technique, fonctionnelle ou par service.

- Lorsque l'entité concernée est une collectivité territoriale, on parle de décentralisation territoriale.

Autrement dit, la décentralisation est technique lorsque l'autonomie est reconnue à un service public, et elle est territoriale lorsque l'autonomie est accordée à un territoire.

A- La décentralisation technique ou par service

Avec ce procédé, l'État reconnaît la personnalité juridique à un service public. Celui-ci acquiert de ce fait le statut d'établissement public.

Un établissement public se reconnaît à l'aune de trois critères :

1- L'autonomie :

Le service est alors autonome en matière de gestion. Il bénéficie de l'autonomie administrative et aussi de l'autonomie financière. La première signifie que le service prend lui-même ses propres décisions et gère plus ou moins librement son domaine de compétence. Pour ce, le service est doté par le texte juridique de création d'organes de gestion. Ceux-ci sont généralement au nombre de trois :

- Un conseil délibérant qui a le pouvoir de pilotage et de gestion du service, appelé Conseil d'administration.
- Un directeur chargé d'exécuter les décisions du conseil d'administration, d'assurer la gestion quotidienne du service et de le représenter devant la justice et vis-à-vis des tiers.
- Un comité à rôle consultatif chargé d'étudier et de préparer les décisions du conseil d'administration.

2- La tutelle

L'autonomie reconnue à l'établissement public n'est pas totale. Au contraire, c'est une sorte de « liberté surveillée ». Le gouvernement garde un œil sur sa gestion par l'exercice d'un contrôle appelé tutelle sur ses organes et sur ses décisions. Cette tutelle prend plusieurs formes. Le conseil d'administration de l'établissement public est présidé par le ministre de tutelle, c'est-à-dire le ministre dont relève le service concerné de par son domaine d'intervention. Les universités, qui sont des établissements publics, constituent une exception à cet égard, puisque leurs conseils d'administration, appelés plutôt conseils d'université, ne sont pas présidés par le ministre de l'enseignement supérieur mais par le président de l'université. Cette décision aurait été retenue pour préserver l'autonomie intellectuelle de l'université.

Une partie des membres du conseil d'administration est nommée par le ministre pour représenter l'État. Le directeur lui-même de l'établissement public est nommé soit par dahir soit par décret. En outre, les décisions de l'établissement public sont soumises au contrôle du ministère de tutelle.

3- La spécialité

L'établissement public se distingue également par le caractère spécialisé de ses compétences. Le texte juridique de création lui assigne une mission ou plusieurs missions bien déterminées. Ces missions apparaissent clairement à travers l'appellation donnée à l'établissement public (Exemple : Office national de l'électricité et de l'eau potable).

B- La décentralisation territoriale

Contrairement à la décentralisation technique qui consiste à reconnaître la personnalité juridique à un service public, la décentralisation territoriale, elle, reconnaît cette qualité à un territoire qui acquiert de ce fait le statut de collectivité territoriale.

Techniquement, il s'agit de découper le territoire national en échelons territoriaux infra-étatiques et doter ceux-ci de la personnalité juridique. Grâce à cela, les collectivités engendrées par le découpage jouissent de l'autonomie mais restent quand bien même soumises au contrôle de l'État.

1- L'autonomie

Les collectivités territoriales sont dotées de l'autonomie à la fois administrative et financière.

- L'autonomie administrative : la collectivité territoriale bénéficie d'un régime de libre administration. Elle gère ses affaires elle-même par le biais d'un conseil élu par les citoyens. C'est ici que réside la particularité de la décentralisation territoriale. Celle-ci permet aux citoyens de contribuer à la gestion des affaires publiques par le choix de leurs représentants au niveau du conseil de la collectivité. Cette particularité donne à la décentralisation territoriale un aspect politique et confère au conseil élu une légitimité démocratique, ce qui est de nature à renforcer ses compétences et son pouvoir en général.

Une deuxième composante de cette autonomie administrative, et qui est souvent méconnue, est l'existence de ressources humaines propres. Les tâches administratives et techniques au sein de la collectivité territoriale sont assurées par des agents relevant de l'autorité de cette collectivité. Ces agents sont souvent soumis à un régime statutaire ou contractuel spécial.

- L'autonomie financière : la collectivité territoriale dispose d'un budget propre, un budget autonome. Elle a un document budgétaire distinct de la loi de finances de l'État, de même qu'elle ses propres recettes et ses propres dépenses. En outre, la collectivité territoriale dispose d'un domaine public (routes, parking ; etc.) et d'un domaine privé (bâtiments administratifs, etc.) qui lui sont propres.

2- Le contrôle :

En dépit de leur autonomie, les collectivités territoriales sont soumises au contrôle de l'État. Dans tous les cas, le droit administratif fait de ces collectivités des entités territoriales de second plan par rapport à l'État qui est l'entité politique et administrative de base. Suite à cette configuration hiérarchisée, l'État est le premier responsable du territoire national et de l'intérêt général. Ce qui lui donne un droit de regard sur l'action et sur les politiques des entités territoriales secondaires.

Ce contrôle concerne aussi bien les aspects administratifs que les aspects financiers des collectivités territoriales. Il peut aller d'un contrôle de légalité à un contrôle d'opportunité. Le premier consiste à vérifier la légalité des actes administratifs pris par les conseils locaux élus. En cas de non-conformité avec les textes juridiques en vigueur, l'acte en question est annulé. Ce pouvoir de contrôle est de plus en plus exercé par les juges administratifs, seuls compétents pour évaluer et juger la conformité d'un acte administratif avec les dispositions de la loi.

L'État exerce un deuxième contrôle, qualifié d'opportunité. Ce contrôle est beaucoup plus lourd que le premier. Il concerne le contenu des décisions prises par les conseils élus afin d'évaluer leur pertinence du point de vue de l'intérêt général. Ce contrôle est exercé par les autorités administratives.

Dans tous les cas, le contrôle exercé par les administrations centrales sur les collectivités territoriales obéit au principe selon lequel « il n'y a pas de contrôle sans texte, et il n'y a pas de contrôle au-delà du texte ». Il découle de ce principe deux conséquences majeures. La première est que le contrôle n'est possible que s'il est expressément prévu par un texte juridique. La deuxième est que les domaines de ce contrôle sont strictement ceux prévus par le texte juridique de base. Celui-ci fixe l'identité des autorités de contrôle, les délais, les attributions soumises au contrôle, les sanctions et les recours possibles. Dans ce sillage, les administrations centrales n'ont pas le droit d'adresser des ordres aux collectivités territoriales ni de leur imposer le suivi d'un style de gestion ou d'une politique.

3- Les compétences

Les collectivités territoriales bénéficient généralement d'une clause de compétence générale. Cette clause permet aux conseils locaux élus de régler par leurs délibérations toutes les questions qui concernent leurs territoires et qui relèvent de leurs attributions. Toutefois, la clause de compétence générale ne confère pas auxdits conseils une souveraineté totale sur leurs territoires. Il convient de noter à cet égard que les conseils locaux élus exercent un pouvoir local limité. Certaines compétences sont reconnues par la loi à d'autres acteurs administratifs. On peut citer plusieurs exceptions à ce pouvoir :

A titre d'exemple, la gare ferroviaire se trouvant sur le territoire de la commune ne relève pas de la compétence de celle-ci, mais plutôt de l'Office national des chemins de fer.

Il en est de même des mosquées et des lieux de culte en général dont la gestion et le contrôle sont des missions reconnus aux services de l'État.

C'est le cas aussi de l'enseignement, de la santé et autres. Le domaine de compétences des collectivités territoriales s'élargit au fur et à mesure que l'État se démocratise et que les élus acquièrent plus de maturité dans la gestion des affaires locales et plus de légitimité politique.

Par ailleurs, et tenant compte de la multiplicité des échelons territoriaux, le législateur pourrait décider de reconnaître à un niveau territorial une compétence générale tout en limitant les compétences des autres niveaux à des domaines bien spécifiés. En France, la clause générale de compétence a été institué par les dispositions de l'article 61 de la loi du 5 avril 1884 relative à l'organisation municipale qui disposait : « *le conseil municipal règle par ses délibérations les affaires de la commune* ». En ce qui concerne les départements, ils avaient pu bénéficier de cette clause grâce à la loi n° 82-213 du 2 mars 1982 relative aux droits et libertés des communes, des départements et des régions. Toutefois, avec la loi du 7 août 2015 relative à la nouvelle organisation territoriale de la République (loi NOTRe), les départements ont fini par perdre cette compétence générale puisque la loi a précisé qu'ils sont habilités d'agir que dans les domaines spécifiques que la législation en vigueur leur assigne.

Tels sont les principes qui déterminent l'organisation administrative d'un État. Celui-ci ne saurait être entièrement centralisé ni totalement décentralisé ou déconcentré. Chaque organisation administrative comporte une part de chaque formule. Pour comprendre davantage ces principes, on est amené à en chercher l'application dans l'organisation administrative marocaine.

CHAPITRE II : LA CENTRALISATION ADMINISTRATIVE AU MAROC

Au Maroc, la centralisation est un système qui est mis en place et fonctionne grâce à des autorités dont les décisions couvrent l'ensemble du territoire national. Il s'agit des autorités suivantes :

- Le Roi ;
- Le gouvernement ;
- Les administrations centrales ;

SECTION 1 : LE ROI

Le Roi occupe une place centrale et privilégiée dans le système politique marocain. Ce statut s'est naturellement répercuté sur le plan administratif au vu des qualités que la constitution reconnaît au Roi à savoir : chef de l'État, commandeur des croyants, chef suprême des forces armées et président du conseil des ministres. La mise en œuvre de ces quatre fonctions passe évidemment par la reconnaissance au Roi de compétences en matière administrative. A cet égard, on mettra l'accent sur deux points essentiels : les compétences administratives su Roi et la nature juridique de ces compétences.

§1- Les compétences administratives du Roi

De prime abord, il convient d'éviter une confusion souvent commise entre les compétences politiques et celles administratives du Roi. Les premières sont essentiellement de deux types et concernent deux domaines :

- Le domaine des relations avec les autres pouvoirs politiques de l'État, en l'occurrence le Parlement et le Gouvernement. A l'égard de ces deux pouvoirs, le Roi exerce des compétences qui sont de nature plutôt politique et non administrative. On peut citer : la nomination du chef du gouvernement, la nomination des ministres, l'ouverture du Parlement, la dissolution du Parlement, la présidence du conseil des ministres, etc.

- Le deuxième domaine qui relève du champ politique des compétences du Roi est celui des relations politiques avec les acteurs internationaux. On peut citer l'adhésion à une organisation internationale, le retrait d'une organisation internationale, la guerre, les accords de paix et de coopération, rupture ou reprise des relations diplomatiques, reconnaissance d'un État, etc. La nomination des ambassadeurs constitue une exception dans ce cadre, vu que la tâche fondamentale de ces responsables est de gérer les intérêts du pays à l'étranger et non de concevoir la politique étrangère nationale.

Les compétences administratives du Roi sont donc celles qui se situent en dehors de ces deux domaines. De ce point de vue, il est possible d'avancer que le Roi, et contrairement à une représentation largement diffuse, exerce trois principales compétences administratives :

- La compétence religieuse ;
- La compétence sécuritaire ;
- La compétence de nomination.

A- Une compétence administrative dans le domaine religieux

La constitution reconnait au Roi le statut de Commandeur des croyants, ce qui lui accorde non seulement le privilège mais aussi le monopole de gestion du domaine religieux. Le mot « croyants » a été expressément utilisé au lieu de « musulmans », afin de faire du Roi la seule autorité qui organise le champ religieux et protège l'exercice de tous les cultes sur le territoire national.

L'article 41 de la constitution de 2011 comporte trois énoncés fondamentaux :

- En sa qualité d'Amir Al Mouminine, le Roi non seulement veille au respect des préceptes de l'Islam mais il est aussi le garant du libre exercice de tous les cultes.

- Le Roi préside le Conseil supérieur des Oulémas qui est la seule instance religieuse habilitée à rendre des fatwas (les consultations religieuses).
- Le Roi exerce ses compétences religieuses par dahir.

Du point de vue administratif, et de façon plus concrète, la compétence religieuse du Roi se manifeste à travers plusieurs décisions. On peut en citer :

L'organisation du ministère des Habous et des affaires islamiques et la fixation de ses attributions sont arrêtées par dahir, contrairement aux autres ministères où cela est fait plutôt par décret. Il s'agit du dahir n° 1-16-38 du 26 février 2016.

La création de la Fondation Mohammed VI des œuvres sociales du personnel du ministère des Habous et des affaires islamiques par dahir (n° 1-19-51 en date du 5 avril 2019).

Etablissement du programme de lutte contre l'analphabétisme dans les mosquées par dahir (n° 1-14-101 du 20 mai 2014).

La création par dahir de l'Institut Mohammed VI de la formation des imams, morchidines et morchidates (n° 1-14-103 du 20 mai 2014).

L'organisation par dahir des tâches des préposés religieux et la définition de leur situation (n° 1-14-104 du 20 mai 2014).

L'organisation des prières rogatoires sur ordre du Roi Amir Al Mouminine. Il est remarquable que ces prières s'accomplissent non seulement dans les mosquées ou les mousallas (aires de prière) par les musulmans, mais aussi dans les synagogues par les marocains de confession juive.

La décision d'annuler le rituel annuel du sacrifice de l'Aïd Al-Adha a été prise à trois reprises par le Roi en 1963, en 1981 et puis en 1995.

Nomination par le Roi des membres de la réforme de la Moudawana en 2004 et du code de la famille en 2023.

B- La compétence administrative du Roi en matière sécuritaire

La constitution reconnaît au Roi la qualité de chef suprême des forces armées royales. Ce statut n'est pas symbolique mais il en découle une des fonctions exécutives des plus importantes. Le dahir n° 1-56-138 du 25 juin 1956 portant création des forces armées marocaines dispose que celles-ci sont placées sous l'autorité directe du Roi. Deux missions sont alors assignées à ces forces, à savoir la défense du territoire national (ou de l'empire selon le texte du dahir) et la contribution au maintien de l'ordre public dans les conditions que le Roi détermine.

Le même dahir prévoit que les règles relatives au statut des officiers, les conditions de leur recrutement et les règles de discipline seront déterminées par des dahirs. C'est dans ce cadre que le Roi a émis le dahir n° 1-74-383 du 5 août 1974 portant approbation du règlement de discipline générale dans les Forces armées royales et le dahir n° 1-12-50 du 10 mai 2013 formant statut particulier des officiers des forces armées royales.

Par ailleurs, la constitution de 2011 a institué un Conseil supérieur de sécurité. Ce conseil a été placé sous la présidence du Roi. Il s'agit d'une instance constitutionnelle supérieure de concertation sur les stratégies sécuritaires intérieures et extérieures du pays.

Dans le cadre de cette compétence en matière sécuritaire, le Roi exerce aussi un pouvoir de nomination.

C- La compétence de nomination

La compétence de nomination reconnue au Roi a connu un changement substantiel avec la constitution de 2011. Selon les constitutions précédentes, le Roi est compétent pour nommer aux emplois civils et militaires. Ce qui revenait à dire qu'il a l'exclusivité de cette compétence et que tous les agents de l'État devaient être nommés par lui. Tenant compte de la pertinence de cette interprétation et au vu de l'absurdité de sa mise en œuvre, les constitutions d'avant 2011 prévoyaient toutefois la possibilité pour le Roi de déléguer cette compétence. Dans ce cadre, le Roi a émis le dahir n° 1-99-205 du 29 septembre 1999 portant délégation de pouvoir de nomination au Premier ministre et aux ministres et chefs des administrations concernant le personnel relevant de leurs départements respectifs.

La constitution de 2011 a toutefois substantiellement changé cette compétence en introduisant et en instituant son partage entre le Roi et le Chef du gouvernement. Il en découle une certaine limitation des pouvoirs du Roi qui ne garde qu'un pouvoir de nomination dans des emplois spécifiquement cités par le texte constitutionnel. Ce pouvoir concerne désormais la nomination aux postes suivants :

- Les emplois militaires, sachant qu'il peut le cas échéant déléguer cette compétence.

- Les emplois civils dans les postes de : wali Bank Al-Maghrib, ambassadeurs, walis et gouverneurs, responsables des administrations chargées de la sécurité intérieure, les responsables des établissements et entreprises publics stratégiques. La liste de ces établissements est établie par une loi organique.[4]

Sur ces deux séries de nominations, il est clair que le Roi a toute latitude en matière de nomination aux emplois militaires. Toutefois, en ce qui concerne la liste des emplois civils, le Roi procède à la nomination « sur proposition du chef du gouvernement et à l'initiative du ministre concerné ». Cette nomination s'effectue donc en Conseil des ministres.

En dehors de ces deux séries, le pouvoir de nomination est du ressort du chef du gouvernement. L'article 91 de la constitution dispose en effet que « le chef du Gouvernement nomme aux emplois civils dans les administrations publiques et aux hautes fonctions des

[4] Loi organique n°02-12 relative à la nomination aux fonctions supérieures, promulguée pat le Dahir n°1-12-20 du 17 juillet 2012 (B.O n° 6070, du 2 août 2012), modifiée et complétée par la loi organique n°12-14 promulguée par le Dahir n°1-15-61 du 2 juin 2015 (B.0 n°6370 du 18 juin 2015) et la loi organique n°30-24 promulguée par le Dahir n°1-24-45 du 16 août 2024 (B.O n° 7332, du 5 septembre 2024).

établissements et entreprises publics ». Même en ce qui concerne les magistrats, ils ne sont plus nommés par le Roi. Celui-ci ne fait qu'approuver par dahir la nomination des magistrats faite par le Conseil supérieur du pouvoir judiciaire. Ceci revient à dire que le pouvoir de nomination du Roi est un pouvoir d'exception, alors que celui du chef du gouvernement est désormais d'attribution.

Toutefois, et au vu de sa place centrale dans le système politique national et son statut de chef d'État, il serait difficile de croire que la compétence administrative du Roi se limite aux trois domaines précités. Pour résoudre cette situation paradoxale, il est possible de dire que le Roi exerce des compétences administratives explicites ou directes, en l'occurrence les trois attributions précitées, et des compétences administratives implicites ou indirectes. Ces dernières sont exercées dans le cadre du rapport du Roi avec les différentes autorités administratives où il pourrait adresser des directives et des orientations. A titre d'exemple, il n'est pas de la compétence du Roi d'augmenter les salaires des fonctionnaires civils. Néanmoins, il peut donner des directives aux ministres concernés pour accomplir une telle tâche. Autrement dit, au lieu de faire, car cela ne relève pas de sa compétence, le Roi fait faire.

§2- La nature juridique des compétences administratives du Roi

Le Roi exerce par dahir les compétences qui lui sont reconnues par la constitution. La question est de savoir si ces dahirs, émis en matière administrative, seraient susceptibles de recours juridictionnels devant le juge administratif, à l'instar de tout acte administratif et si le Roi, en prenant des décisions administratives pourrait être qualifié d'autorité administrative. En l'absence d'une disposition expresse du Droit positif marocain et devant un vide juridique historique, seule la jurisprudence a été amenée à se prononcer dans l'embarras sur cette question. A cet égard, on peut de prime à bord annoncer que les différentes juridictions ont évité de juger les dahirs royaux. Seules les raisons et les motifs de cette position ont constamment changé.

Lors des premières années du protectorat, le Conseil d'État français avait la compétence de statuer sur les « recours pour excès de pouvoir par les fonctionnaires du protectorat français au Maroc, contre les actes des diverses autorités administratives relatives à l'application de leur statut ». Il tirait cette compétence à la fois du dahir du 1er septembre 1928 et du décret français du 23 novembre 1928. Ce Conseil, qui constitue la plus haute juridiction administrative française, et à l'occasion de deux arrêts (rendus respectivement le 24 juin 1936 et le 3 février 1937), a jugé qu'il n'est pas compétent pour examiner un dahir car tous les dahirs, sans distinction aucune, auraient un caractère législatif. Le juge administratif s'est alors référé au critère de forme indépendamment du contenu dudit dahir.

Au lendemain de l'indépendance, la chambre administrative de la cour suprême devrait statuer sur des recours formés contre des dahirs royaux. La chambre administrative a campé sur sa position de rejet de tout recours contre les dahirs royaux. Mais ses motifs ont changé en deux temps.

- Dans un premier temps, la chambre administrative, pourtant compétente pour statuer sur les recours en annulation pour excès de pouvoir formés contre les décisions administratives selon le dahir du 27 septembre 1957, a rejeté deux recours en annulation formés par des magistrats contre des dahirs portant leur révocation. Il s'agit en l'occurrence de l'arrêt Abdelhamid Ronda[5] du 18 juin 1960 et de l'arrêt Abdellah Bensouda[6] du 15 juillet 1963. Dans ces deux arrêts, la Cour a estimé qu'il n'appartient pas à la Cour Suprême, statuant comme juge de la légalité des décisions des autorités administratives de connaître d'un acte individuel émanant du

---

[5] Abdelhamid Ronda c/Ministre de la justice, 18 Juin1960, Recueil des arrêts de la Cour Suprême (1957-1960), p.136.
Magistrat suspendu de ses fonctions par dahir royal.

[6] Arrêt rendu suite à un recours en annulation intenté par M. Abdellah Bensouda contre un arrêté du ministre de la justice mettant fin à son stage de formation pour l'exercice des fonctions de juge. Ledit arrêté a été pris sur la base d'un dahir royal rendu en date du 24 mai 1962.

Souverain et pris en forme de dahir ». Dans cette première phase, incapable de se situer, la Cour suprême s'est tout simplement déclarée incompétente.

- Dans un deuxième temps, la Cour ne pouvait continuer à tergiverser notamment avec sa saisine contre d'autres Décisions royales. Une jurisprudence plus claire et surtout bien fondée s'imposait donc. C'est ce que la Cour effectua à l'occasion de son arrêt rendu le 20 mars 1970, dans le cadre du recours en annulation pour excès de pouvoir intenté par la société "propriété agricole Abdelaziz" le 11 juin 1968 pour contester la légalité de la décision entérinée par un décret royal qui avait approuvé l'opération de remembrement des terres agricoles dans la région du Gharb. Dans cet arrêt de principe, la Cour tout en se déclarant incompétente en la matière, a pris le soin de mettre au point une nouvelle position juridictionnelle fondée sur deux motifs : le premier est que le Roi exerce ses compétences en sa qualité d'Imam des croyants et par conséquent il ne peut être considéré comme une simple autorité administrative au sens de l'article1er du dahir du 27 Septembre 1957. Le deuxième motif va bien au-delà et revient sur le rapport entre le Roi et le pouvoir judiciaire, c'est-à-dire entre la magistrature suprême et la magistrature tout court. La Cour Suprême a estimé que le juge n'est que le délégué du Roi Amir Al Mouminine et, en cette qualité, il n'a pas qualité pour examiner les actes du délégant. Par une telle jurisprudence, la Cour suprême a doté les dahirs d'une immunité définitive contre tous recours juridictionnel.

La situation n'a connu aucun changement après l'adoption de la constitution de 2011. L'article 118 de celle-ci a pourtant rappelé que « tout acte juridique, de nature règlementaire ou individuelle, pris en matière administrative, peut faire l'objet de recours devant la juridiction administrative compétente ». Toutefois, le tribunal administratif de Rabat, saisi d'un recours en annulation contre un dahir royal prolongeant l'âge de retraite du secrétaire général de la Chambre des conseillers, a préféré reconduire la jurisprudence de la Cour suprême de 1970. C'est ce qui ressort de son jugement rendu le 16 septembre 2016.

SECTION 2 : LE GOUVERNEMENT

Le gouvernement est l'acteur le plus actif en matière administrative. La constitution confirme l'étendue de son pouvoir administratif en disposant que le gouvernement exécute les lois, dispose de l'administration et contrôle l'action des établissements et entreprises publics.

Le gouvernement se compose de son chef et des ministres. Nous présenterons les compétences administratives de ces deux composantes.

§1- Le chef du gouvernement

Le pouvoir administratif du chef du gouvernement est assez étendu. Cette situation s'explique par le renforcement continu du statut particulier de ce responsable.

A- Le statut du chef du gouvernement

Le statut du chef du gouvernement a connu une valorisation lente mais progressive depuis la période où il portait le titre du Grand Vizir jusqu'à aujourd'hui. Avant le protectorat, l'omniprésence du pouvoir du Sultan rendait difficile l'éclosion d'un gouvernement et encore moins d'un chef de ce dernier. Historiquement parlant, l'institution du chef du gouvernement est une invention des régimes parlementaires. C'est en Grande Bretagne que le monarque, dont le pouvoir était de plus en plus limité par la montée du Parlement, a été contraint de nommer un « *Primus inter pares* » et de lui céder quelques-unes de ses compétences. Le régime monarchique traditionnel au Maroc, le Makhzen, était épargné par une telle évolution, ne serait-ce que grâce à l'absence d'un contrepouvoir parlementaire. Le pouvoir du Sultant étant absolu, le Grand Vizir, appelé Assadr Al Aadham (الصدر الأعظم), n'agissait alors que dans l'ombre du Sultan, faisant figure plutôt d'un conseiller que d'un décideur. Un des rares cas où le Grand Vizir a pu acquérir une large autonomie et d'exercer un réel pouvoir sur l'ensemble de l'empire est celui de Ba Ahmad dont le pouvoir était justifié par l'âge mineur du Sultan de l'époque, Moulay Abdelaziz. Par contre, lorsque le Sultan était puissant, le Grand Vizir s'éclipsait. C'est le cas à titre d'exemple du Sultan Moulay Hassan qui, d'après René Mauduit, « ne voulait d'autre direction supérieure que la sienne ».[7]

Sous le Protectorat, on assista à la première formulation juridique du transfert des compétences administratives du Sultan au Grand Vizir. En effet, un Firman du 31 octobre 1912, pris par le Sultan, affirme que « l'administration de l'empire du Maroc est assurée sous notre autorité par le Makhzen central ». Le même Firman qui ne remet pas en cause le Sultan comme chef suprême de l'administration, détermine l'organisation du Makhzen qui comportait outre le Grand Vizir, trois autres vizirs chargés respectivement de la guerre, des finances et de la justice.

Le contenu de ce Firman fut par la suite confirmé par un dahir du 21 juin 1947[8] qui a consacré un transfert du pouvoir réglementaire au profit du grand Vizir en disposant : « Le Grand Vizir est chargé de la conservation des archives de l'État, de l'administration générale du pays, de la sécurité publique, de l'enseignement, de l'hygiène, des travaux publics, de l'agriculture, des forêts, des mines, et d'une manière générale de tout ce qui n'est pas du ressort des autres ministres ». Même si dans la pratique, ces compétences étaient exercées par des fonctionnaires français sous l'autorité du Résident général, il n'en demeure pas moins qu'on assiste là à un début d'autonomisation et d'institutionnalisation de la présidence du gouvernement en matière de l'administration générale du

---

[7] René MAUDUIT, « Le Makhzen marocain », *Bulletin de l'Afrique française*, 1903, p. 297.

[8] Dahir du 24 juin 1937 (2 chaabane 1366) portant réorganisation du Makhzen central, B.O n° 1810 du 4 juillet 1947.

Royaume. D'ailleurs, dans cet esprit, un dahir du 21 juin 1947[9] prévoyait la création pour la première fois d'un Conseil des vizirs et des directeurs présidés par le Grand Vizir. Un dahir de la même date étoffait l'administration centrale du Makhzen qui comporte désormais le Grand Vizir à la tête de quatre autres responsables :

- Un vizir de la justice ;
- Un vizir des Habous ;
- Un directeur du protocole ;
- Un naib du Grand Vizir à l'enseignement.

Le Grand Vizir est assisté dans ses fonctions par cinq délégués respectivement chargés des finances, de l'agriculture et du commerce, des travaux publics de la production industrielle et des PTT, de la santé publique et enfin des affaires sociales. A ces responsables, s'ajoute le conseiller juridique du Makhzen.

Après l'acquisition de l'indépendance, le statut du chef du gouvernement et son rapport avec le Roi seraient désormais organisés par des dispositions constitutionnelles. Ce n'est qu'à partir de la constitution de 1962, première constitution du Maroc, que l'institution du chef du gouvernement aura sa première consécration constitutionnelle. Mais avant cette consécration, le titre du Grand Vizir disparaitra et laissera la place à celui du Président du conseil. Cette nouvelle appellation ne survivra pas à l'adoption de la constitution de 1962 qui la remplacera par celle de Premier ministre.

Le rôle du chef du gouvernement a connu des remous et des changements suivant le contexte des différentes constitutions adoptées. Dans la constitution du 7 décembre 1962, le Premier ministre exerçait une partie du pouvoir réglementaire, l'autre partie étant celle du Roi dans les domaines qui sont les siens (article 68). Quelques années après, il perd totalement ce pouvoir au profit du Roi suite à la déclaration de l'état d'exception, décrétée par le Roi le

---

[9] Dahir du 24 Juin 1947 (2 chaabane 1366) relatif au conseil des vizirs, B.O n° 1810 du 4 juillet 1947.

7 juin 1965 et permettant à ce dernier de monopoliser tous les pouvoirs, y compris le pouvoir réglementaire. Cette perte du pouvoir réglementaire par le Premier ministre sera entérinée par la constitution du 31 juillet 1970 dont l'article 29 dispose que « Le Roi exerce le pouvoir réglementaire. Des dahirs détermineront les domaines où ce pouvoir est délégué par le roi au premier ministre ».

Mais à partir de 1972, le statut du Premier ministre connaîtra un renforcement progressif. Déjà avec la constitution du 15 mars 1972, le Premier ministre récupèrera l'exercice du pouvoir réglementaire (article 62). Il en est de même avec la constitution du 4 septembre 1992 dont l'article 6é dispose que le Premier ministre exerce le pouvoir réglementaire. L'innovation apportée par le nouveau texte constitutionnel est à rechercher dans l'article 60 qui reconnaît expressément que le travail gouvernemental s'effectue « sous la responsabilité du Premier ministre ». Cette même disposition sera d'ailleurs reconduite par l'article 61 de la constitution du 13 septembre 1996.

Mais c'est avec la constitution de 2011 qu'on assistera à l'accélération de ce processus de renforcement de la posture du Premier ministre. Plusieurs innovations qui confirment ce constat peuvent être citées :

Le changement de l'appellation « Premier ministre » par celle de « Chef du gouvernement » ;

La constitutionnalisation du Conseil du gouvernement, tenu sous la présidence du chef du gouvernement ;

L'utilisation de l'expression « Pouvoir exécutif » à la place de celle du « Gouvernement » dans l'intitulé du titre V de la constitution ;

Le remplacement de l'expression « sous la responsabilité » par celle de « sous l'autorité » du chef du gouvernement, ce qui accorde à ce dernier le statut du chef de l'exécutif (article 89) ;

Enfin, la mise en place d'une nouvelle procédure de nomination du chef du gouvernement. Celui-ci est dorénavant nommé par le Roi au sein du parti politique arrivé en tête des élections des membres de la Chambre des Représentants, et au vu de leurs résultats (article 47). Mieux encore, la nouvelle constitution reconnaît au chef du gouvernement de dissoudre la Chambre des Représentants, par décret pris en Conseil des ministres, après avoir consulté le Roi, le président de cette Chambre et le président de la Cour constitutionnelle.

B- Les compétences administratives du chef du gouvernement

A quelques exceptions près, le chef du gouvernement ne gère pas un département ministériel spécifique. Il assure en revanche quatre fonctions administratives :

- La présidence du conseil du gouvernement ;
- La coordination des attributions des ministères ;
- L'exercice du pouvoir réglementaire ;
- La nomination.

1- La présidence du conseil du gouvernement

Si le conseil des ministres est présidé par le Roi, le conseil du gouvernement est présidé par le chef du gouvernement. Ce n'est qu'avec la constitution de 2011 que ce dernier conseil a été constitutionnellement reconnu et a vu ses compétences élargies. Se réunissant une fois par semaine, il délibère sur les questions suivantes :

- La politique générale de l'État ;

- Les politiques publiques ;

- Les politiques sectorielles ;

- Les questions relatives à l'actualité des droits de l'Homme et de l'ordre public ;

- Les projets de loi (en tenant compte des dispositions de l'article 49 de la constitution) ;

- Les projets de décrets réglementaires ;

- La nomination aux emplois supérieurs.

Le conseil du gouvernement délibère aussi sur d'autres questions mais qui ont un aspect plutôt politique à savoir :

- L'engagement de la responsabilité du gouvernement devant la Chambre des Représentants ;

- Les décrets-lois ;

- Les projets de décrets visés aux articles suivants de la constitution :

- L'article 65 : clôture de la session parlementaire lorsque celle-ci aurait duré au moins 4 mois ;
- L'article 66 : réunion du parlement en session extraordinaire ;
- L'article 70 qui concerne les décrets pris dans le cadre d'une loi d'habilitation.

- Les conventions internationales avant leur soumission au Conseil des ministres.

De par cette liste de compétences, il est clair que le conseil du gouvernement exerce sur certains points un pouvoir décisionnel, par contre, sur d'autres points, il ne fait que préparer les décisions qui seraient prises finalement en conseil des ministres.

2- Coordination des attributions des ministres

Le chef du gouvernement est-il le supérieur hiérarchique des autres ministres ? En fait, il est difficile d'apporter une réponse positive à cette question. Le chef du gouvernement ne nomme ni ne révoque les ministres. Dans les deux cas, la compétence revient au Roi. De ce fait, le lien qu'entretient le chef du gouvernement avec ses ministres est plutôt un lien de coordination.

D'après la loi organique du 19 mars 2015, relative à l'organisation et à la conduite des travaux du gouvernement et au statut de ses membres[10], il est de la compétence du chef du gouvernement de fixer par décrets les missions et les attributions de chaque membre du gouvernement ainsi que les structures administratives placées sous son autorité. En sa qualité du chef du gouvernement et président de son conseil, il supervise l'organisation des travaux du gouvernement, veille à la coordination et à l'orientation de son action, au suivi des activités de ses membres et à l'accompagnement de l'action des différentes autorités gouvernementales et des administrations publiques qui en dépendent. Il en est de même des établissements et entreprises publics et de l'ensemble des personnes de droit public soumis à la tutelle du gouvernement. Pour ce, le chef du gouvernement peut adresser des directives auxdits établissements et autorités. En outre, il préside les conseils des établissements publics, à l'exception des conseils des universités et des établissements publics relevant des collectivités territoriales.

3- L'exercice du pouvoir réglementaire

Depuis la constitution de 1972, le chef du gouvernement est le détenteur de droit du pouvoir réglementaire. Celui-ci comporte deux composantes : une liée, l'autre autonome.

Le pouvoir réglementaire lié est celui qui consiste à prendre toutes les mesures qui s'imposent pour assurer l'exécution des lois votées par le Parlement. D'où l'appellation historiquement célèbre du gouvernement comme étant le pouvoir exécutif. La mise en œuvre de cette compétence passe par l'adoption de décrets dits d'application.

Le pouvoir réglementaire autonome englobe les décisions prises par le gouvernement dans les domaines qui lui sont propres. La constitution a déterminé de façon limitative les matières qui relèvent de la compétence du Parlement et a disposé que les matières autres

---

[10] Dahir n° 1-15-33 du 19 mars 2015 portant promulgation de la loi organique n° 065-13 relative à l'organisation et à la conduite des travaux du gouvernement et au statut de ses membres, B.O n° 6348 du 2 avril 2015.

que celles qui sont du domaine de la loi appartiennent au domaine réglementaire.

Dans tous les cas, Les actes réglementaires du chef du Gouvernement sont contresignés par les ministres chargés de leur exécution.

4- Le pouvoir de nomination

Avant la constitution de 2011, le chef du gouvernement exerçait le pouvoir de nomination sur la base de la délégation qui lui été accordée par le Roi. Depuis la constitution de 2011, la nomination est devenue une compétence de droit pour le chef du gouvernement. On peut affirmer que ladite constitution a non seulement mis en place un partage du pouvoir en question entre les deux responsables, mais mieux encore elle a limité la sphère d'intervention du Roi tout en la matière.

L'article 91 de la constitution dispose en effet que le chef du Gouvernement nomme aux emplois civils dans les administrations publiques et aux hautes fonctions des établissements et entreprises publics. La compétence est donc générale et n'a de limite que les nominations expressément dévolues au Roi soit par l'article 49 de la constitution soit par la loi organique 02-12 relative à la nomination aux fonctions supérieures[11]. Cette loi a fixé la liste des entreprises et établissements qualifiés de stratégiques et dont la nomination des directeurs constitue une prérogative du Roi. Cette nomination s'effectue quand bien même sur proposition du chef du gouvernement et à l'initiative du ministre concerné.[12]

Suite à ce partage de compétences, un décret a été adopté le 11 octobre 2012 concernant la procédure de nomination aux fonctions supérieures dont la nomination fait l'objet de délibération en Conseil

[11] Dahir n° 1-12-20 du 17 juillet 2012 portant promulgation de la loi organique n° 02-12 relative à la nomination aux fonctions supérieures, B.O n° 6070 du 2 août 2012.

[12] Article 2 de la loi organique n° 02-12.

du gouvernement[13] . Le chef du gouvernement a donc hérité d'un large pouvoir de nomination qu'il peut toutefois déléguer. Ce pouvoir comporte trois volets :

- La proposition de nomination aux emplois supérieurs soumis aux délibérations du Conseil des ministres, à l'initiative du ministre concerné.
- La nomination à des emplois supérieurs soumis aux délibérations du conseil du gouvernement, à l'initiative du ministre concerné.
- La nomination aux emplois civils en général que le chef du gouvernement détient mais délègue aux ministres qui l'exercent par arrêtés.

§2- Les ministres

Chaque gouvernement est composé de ministres. Ceux-ci sont des responsables politiques et administratifs et, par conséquent, exercent des fonctions à la fois politiques et administratives. Avant de détailler ces fonctions, il convient d'expliciter le statut du ministre.

A- Les types de ministres

Si la constitution dispose que le gouvernement se compose, en plus de son chef, de ministres et éventuellement de secrétaires d'État, le terme ministre ne renferme pas que ces deux catégories de responsables, mais il peut renvoyer à quatre catégories, à savoir :

- Les ministres d'État ;
- Les ministres ;
- Les ministres délégués ;

---

[13] Décret n° 2-12-412 du 24 kaada 1433 (11 octobre 2012) pris pour l'application des articles 4 et 5 de la loi organique n° 02-12 concernant la procédure de nomination aux fonctions supérieures dont la nomination fait l'objet de délibération en Conseil du gouvernement.

- Les secrétaires d'État.

La distinction entre ces quatre catégories n'a aucun fondement juridique mais elle comporte uniquement un aspect protocolaire. Dans tous les cas, un gouvernement peut contenir un ou plusieurs ministres d'État. Cette catégorie reste exceptionnelle. Souvent un responsable est désigné comme tel afin de tenir compte de son statut politique (chef d'un parti politique par exemple) ou de son expérience dans le domaine de la gestion des affaires publiques (un ministre qui accumulé de longues années de responsabilité). Souvent cette nomination, et au-delà de la valorisation personnelle, serait de nature à permettre au gouvernement de profiter de la sagesse et de l'expertise de la personne concernée.

Le ministre d'État peut être avec portefeuille ou sans portefeuille. Dans le premier cas, il serait responsable de la gestion effective d'un département ministériel. Par contre dans le deuxième cas, il n'aurait aucune responsabilité de gestion. Quoi qu'il en soit, les ministres d'État assistent aux travaux du conseil du gouvernement et du conseil des ministres.

S'agissant des ministres, ils constituent la norme. Ils se trouvent à la tête des départements ministériels dont ils ont la responsabilité de gestion et de direction conformément aux orientations de la politique générale du gouvernement. Leur nombre n'est nullement fixé par un quelconque texte juridique mais dépend des tractations politiques que mène la majorité parlementaire au moment de la formation du gouvernement.

La troisième catégorie est celle des ministres délégués. Comme leur nom l'indique, il s'agit de ministres rattachés au chef du gouvernement ou à un autre ministre et se placent donc sur le plan protocolaire au deuxième rang. La désignation de ministres délégués est généralement justifiée par l'ampleur du département ministériel auquel ils sont rattachés et qui ne peut être géré par un seul ministre. A titre d'exemple, il est possible de nommer aux côtés du ministre de l'économie et des finances un ministre délégué en charge du budget. Dans la pratique politique, cette désignation pourrait aussi servir d'astuce pour créer le maximum de postes ministériels et satisfaire les demandes des différentes composantes de la majorité.

La quatrième catégorie est celle des secrétaires d'État. A l'instar des secrétaires délégués, ils exercent leurs fonctions sous l'autorité ou par délégation du chef du gouvernement ou d'un ministre. Selon le dahir du 13 décembre 1980 fixant les attributions des secrétaires d'État[14], les secrétaires d'État secondent les ministres et à ce titre ils connaissent sous l'autorité et la responsabilité du ministre dont ils relèvent de toutes les affaires qu'il leur confie. Il s'agit donc d'une mission d'assistance. Vu ce statut, les secrétaires d'État n'assistent pas au conseil des ministres.

B- Les compétences administratives des ministres

En principe, les compétences des ministres sont celles qui leurs sont déléguées par le chef du gouvernement. Comme on l'a déjà signalé, au lendemain de la nomination du gouvernement par le Roi, le chef du gouvernement fixe par décrets les missions et les attributions de chaque membre du gouvernement ainsi que les structures administratives placées sous son autorité. Les ministres agissent donc dans le cadre et sur la base de cette délégation. Cette délégation comporte l'exercice des compétences suivantes :

- La nomination ;
- Le pouvoir réglementaire ;
- La présidence des conseils d'administrations des établissements publics.

[14] Dahir n° 1-80-275 du 13 décembre 1980 fixant les attributions des secrétaires d'État et habilitant les ministres dont ils relèvent à leur déléguer leur signature ou certaines de leurs attributions, B.O n° 3558 du 7 janvier 1981.

1- La nomination

La constitution reconnait la compétence de nomination aux emplois civils au chef du gouvernement, en tenant compte des attributions du Roi dans ce domaine. Le chef du gouvernement délègue cette compétence aux différents ministres qui deviennent compétents pour nommer les agents relevant de leurs départements ministériels respectifs. Ils exercent cette compétence par arrêtés.

Plus précisément, la compétence de nomination ainsi reconnue aux ministres comporte deux volets. Le premier a un aspect décisionnel et consiste à nommer les agents relevant du ministère. Le second est en relation avec la nomination aux emplois supérieurs, que ce soit après délibérations en conseil des ministres ou en conseil du gouvernement, et qui donne au ministre concerné l'initiative de proposition.

L'exercice du pouvoir de nomination entraîne logiquement l'exercice d'un droit annexe à savoir le pouvoir hiérarchique. Le ministre est donc le supérieur hiérarchique du personnel de son département, ce qui lui confère aussi l'exercice du pouvoir disciplinaire et la gestion de la carrière du personnel qui lui est rattaché.

2- Le pouvoir réglementaire

Comme il a été déjà indiqué, le pouvoir réglementaire est du ressort du chef du gouvernement. Celui-ci peut, selon les dispositions de l'article 90 de la constitution déléguer certains de ses pouvoirs aux ministres. Dans ce cadre, les ministres peuvent avoir à exercer, ne serait-ce que par délégation, un certain pouvoir réglementaire. Il ne peut s'agir bien évidemment que d'un pouvoir réglementaire spécial, déterminé par la nature des domaines d'intervention du ministre. Le chef du gouvernement garde pour lui les décisions réglementaires à caractère général ou commun à l'ensemble des départements.

L'exercice par les ministres des compétences qui leur sont dévolues comporte logiquement la délégation du pouvoir de gestion budgétaire. Les ministres sont alors investis comme ordonnateurs des recettes et des dépenses de leurs départements respectifs.

3- La présidence des conseils d'administration des établissements publics

Cette compétence revient de droit au chef du gouvernement. Toutefois, celui-ci peut la déléguer aux ministres qui pourraient de la sorte présider les conseils d'administrations es établissements et entreprise publics qui relèvent par la nature de leurs fonctions de leurs départements ministériels respectifs. A titre d'exemple, le ministre de l'équipement peut présider par délégation le conseil d'administration de l'Office national des chemins de fer.

A côté de leurs compétences exercées par délégation, les ministres peuvent avoir des compétences propres. Il s'agit dans ce cas de compétences qui leur sont dévolues expressément par une loi. A titre d'exemple, la loi organique 113-14 relative aux communes habilite le ministre de l'Intérieur à approuver les délibérations des communes des *méchouars* (article 114) et à nommer l'agent judiciaire des collectivités territoriales (article 268).

§3- Les administrations centrales

Ce sont les administrations rattachées à chaque ministre et qui lui permettent d'exercer ses différentes attributions. A ce niveau, la caractéristique politique s'éclipse car les responsables de ces organes ont un statut purement administratif, contrairement aux ministres qui ont le privilège d'être à la fois des responsables politiques et administratifs. Ces administrations centrales prennent la forme d'un organigramme strictement hiérarchisé et spécialisé. Il se présente comme suit :

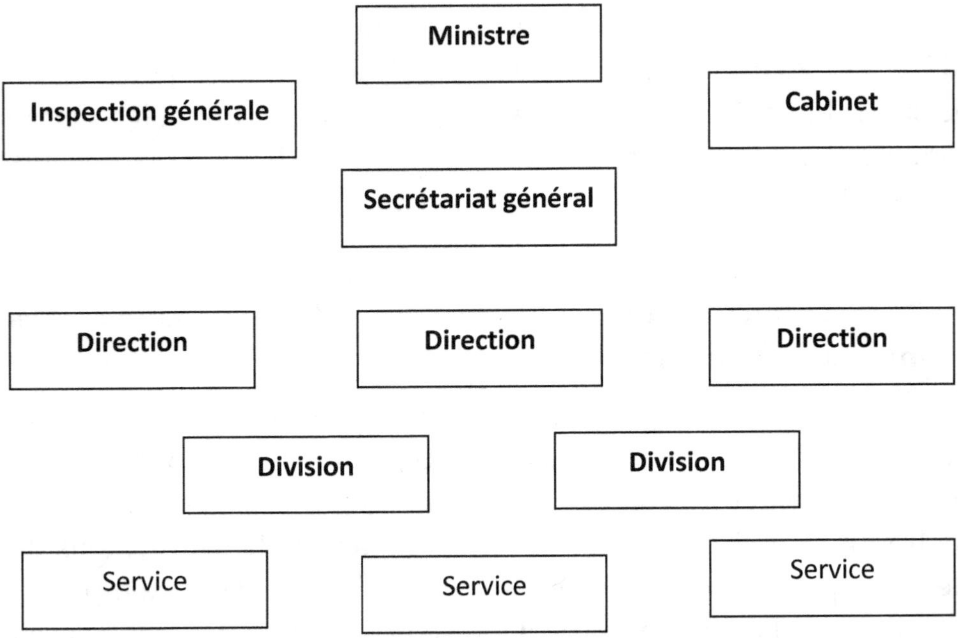

Le cabinet du ministre n'est pas une administration centrale. Il s'agit plutôt d'une structure consultative rattachée directement au ministre et composée de sept membres dans le cas du ministre et de trois dans le cas du secrétaire d'État, tous nommés par l'autorité gouvernementale dont ils relèvent[15]. Le choix des membres du cabinet se fait généralement sur des critères politiques et personnels. Toutefois, le dahir n°1.74.331 du 23 avril 1975 tel qu'il a été modifié a exhorté les ministres à tenir compte dans leur choix des principes de compétence professionnelle et d'honorabilité. En termes de compétences, ces membres sont essentiellement chargés de réaliser des études ou de mener des missions politiques pour le compte de leur ministre. Ils ne peuvent en aucun cas assumer les tâches administratives dévolues aux services du ministère et encore s'interférer dans la gestion administrative ou technique ou donner des ordres aux personnels du ministère.

[15] Dahir n°1.74.331 du 23 avril 1975 modifié et complété par le Dahir n°1.95.162 du 10 octobre 1995.

Une autre composante rattachée directement au ministre est l'Inspection générale. C'est un organe chargé du contrôle interne. Ses missions sont organisées par un décret du 23 juin 2011[16]. Selon les termes de ce décret, l'Inspection générale est chargée de :

- Effectuer le suivi des orientations stratégiques du ministère ;
- Veiller à l'application des textes juridiques et réglementaires et à la bonne gestion des deniers publics ;
- Assurer des missions de contrôle, d'audit et d'évaluation des services relevant du ministère ;
- Coordonner les efforts de communication avec toutes les différentes instances.

Un dernier organe rattaché directement au ministre est le secrétariat général qui constitue la cheville ouvrière de chaque département ministériel et le maillon chargé de la continuité de fonctionnement des services. Il est nommé par décret en conseil du gouvernement. Le statut et les missions du secrétaire général ont été fixés par un décret du 29 avril 1993[17]. Selon les dispositions de ce texte, le secrétaire général est désigné parmi les personnes relevant des cadres supérieurs de l'État, des établissements publics ou du secteur privé, justifiant les uns et les autres, d'un haut niveau d'instruction et d'une longue expérience dans les domaines administratif, technique ou scientifique. Le secrétaire général assiste le ministre dans la gestion des différentes affaires du ministère. Il accomplit toutes tâches d'étude et de prévision que le ministre pourrait lui assigner. Il supplée celui-ci dans les rapports avec les administrations publiques et les autres partenaires de l'administration et le représente dans toutes les réunions en relation avec les attributions et activités du ministère.

Le secrétaire général du ministère assure la gestion des services du département. A ce titre, il est chargé notamment :

---

[16] Décret n° 2-11-112 du 20 rejeb 1432 (23 juin 2011) relatif aux inspections générales des ministères, B.O n° 5960 du 14 juillet 2011.

[17] Décret n° 2-93-44 du 7 kaada 1413 (29 avril 1993) relatif à l'emploi supérieur de secrétaire général de ministère, B.O. n° 4207 du 16 juin 1993.

- de la gestion du personnel ;

- de l'élaboration des projets de textes juridiques relatifs aux domaines d'activité du département ;

- de l'instruction des affaires juridiques et contentieuses concernant les services du ministère.

Le secrétaire général du ministère reçoit du ministre intéressé délégation du pouvoir de signer ou de viser les actes et les documents du ministère, à l'exception toutefois des décrets et des arrêtés de nature réglementaire. Dans ce cadre, il assure la gestion du personnel et l'exécution du budget du département.

§4- Les autorités administratives indépendantes

L'expression « autorités administratives indépendantes » (AAI) désigne des institutions administratives ayant pour mission de réguler des secteurs qui, pour des raisons de transparence et d'indépendance, ne peuvent pas et ne doivent pas être régulés par des organes relevant de l'autorité gouvernementale. Les AAI échappent ainsi au contrôle du pouvoir exécutif. Elles constituent en quelque sorte une exception à une disposition constitutionnelle qui place l'administration sous l'autorité du gouvernement. Appelées aussi des organes de régulation, la caractéristique fondamentale de ces organes ne réside pas dans leur fonction de régulation mais plutôt dans leur statut qui échappe à tout contrôle du gouvernement. A titre d'exemple, l'Agence nationale des ports, instituée par la loi n° 15-02 du 19 décembre 2008, est la première institution qui a été dotée d'une mission de régulation. Toutefois cette agence a le statut d'établissement public ce qui la place en dépit de son autonomie sous la tutelle du gouvernement par le biais du ministère de l'équipement. De par cette donne, ladite agence ne saurait constituer une AAI.

Mis à part cette caractéristique générale, il est difficile de dire que les AAI constituent une catégorie homogène. Au contraire, chaque AAI obéit à ses propres règles d'organisation et de fonctionnement qui sont fixées par la loi qui lui donne naissance. Néanmoins, il est possible d'en dégager quelques caractéristiques communes, à savoir :

- Ce sont des « autorités », ce qui signifie qu'elles sont investies d'un pouvoir décisionnel, ce qui les distingue des instances consultatives. Ce pouvoir comprend aussi la possibilité de mener des missions de contrôle et d'enquête.

- Elles sont de ce fait investies d'une mission de régulation ou de protection.

- Elles exercent leurs missions en toute indépendance par rapport aux organes du gouvernement.

La formule des AAI offre deux avantages primordiaux. D'un côté, elles peuvent se permettre une souplesse d'action, contrairement aux autorités administratives traditionnelles soumises à des règles de procédure et de délai strictes et rigoureuses. D'un autre côté, les AAI permettent de faire participer des experts et des compétences dont la désignation échappe aux procédures d'élection et de nomination bureaucratique. Elles représentent de ce point de vue une forme de gestion participative. D'une façon générale, il est possible de les diviser en deux grandes catégories : celles qui régulent des secteurs économiques et celles qui protègent des droits et libertés.[18]

A- Les AAI avec mission de régulation économique

Parmi les AAI investies d'une mission de régulation économique, on peut citer :

- Bank Al Maghrib.
- L'autorité marocaine du marché des capitaux.
- Le conseil de concurrence.

---

[18] Sénat (France), *Les autorités administratives indépendantes : évaluation d'un objet juridique non identifié*, Rapport 404 (2005-2006), tome I, déposé le 15 juin 2006.

- Autorité de Contrôle des Assurances et de la Prévoyance Sociale
- L'agence nationale de réglementation des télécommunications

1- Bank Al-Maghrib

Bank Al-Maghrib a été créé par le dahir n° n°1-59-233 du 30 juin 1959. Son statut et ses missions sont actuellement régis par la loi n°40-17 qui lui reconnait le statut de personne morale publique dotée de l'autonomie financière et administrative[19].

Bank Al Maghrib a une mission de supervision. L'institution est chargée d'assurer le bon fonctionnement du système bancaire et de contrôler l'activité des établissements de crédits et organismes assimilés conformément aux dispositions de la loi n° 103-12 relative aux établissements de crédit et organismes assimilés[20]. Ces missions de supervision et de contrôle concernent un éventail d'organismes composé d'établissements de crédits, à savoir les banques et les sociétés de financement, ainsi que d'autres organismes exerçant des activités relevant du domaine bancaire comme la Caisse de Dépôt et de Gestion, la Caisse Centrale de Garantie, les banques offshores, les associations de microcrédit et les établissements de paiement.

En relation avec ces différents organismes, Bank Al Maghrib est habilitée à octroyer les agréments et approbations requis pour l'exercice des activités bancaires. Il lui revient d'édicter les normes prudentielles et comptables qui s'appliquent auxdits organismes. Il en est de même du contrôle de la mise en œuvre de ces normes et de la sanction des contrevenants.

---

[19] Loi n°40-17 portant statut de Bank Al-Maghrib, promulguée par le dahir n°1-19-82 du 17 chaoual 1440 (21 juin 2019).

[20] Loi promulguée par le dahir n° 1-14-193 du 1er rabii I 1436 (24 décembre 2014).

2- L'autorité marocaine du marché des capitaux

L'autorité marocaine du marché des capitaux a été instituée en 2013 par la loi n° 43-12[21] afin de remplacer le Conseil Déontologique des Valeurs mobilières (CDVM) créé déjà en 1993.

Elle a pour missions de :

- Veiller sur le bon fonctionnement du marché des capitaux ;
- Garantir les valeurs d'égalité, de transparence et d'intégrité dans le fonctionnement du marché des capitaux ;
- Contrôler les activités des parties soumises à son contrôle ;
- Veiller sur le respect de la réglementation en vigueur en matière de lutte contre le blanchiment des capitaux ;

L'AMMC édicte des circulaires qui ont pour but de mettre en place les règles déontologiques et les modalités techniques ou pratiques de la profession. En outre, l'AMMC est habilitée à recevoir les plaintes des épargnants en relation avec les opérations sur instruments financiers. Il relève de sa compétence d'examiner le bien fondé de la plainte et de prendre les mesures appropriées.

3- Le conseil de la concurrence

Le conseil de la concurrence a été institué par l'article 166 de la constitution de 2011. Son organisation et ses missions ont été réglementées par la loi n° 20-13 du 30 juin 2014 tel que modifiée et complétée par la loi n° 41-21[22] et le décret d'application n° 2615-109 du 4 juin 2015[23]. Le conseil est une institution indépendante dotée de la personnalité morale et de l'autonomie financière.

---

[21] Dahir n° 1-13-21 du 13 mars 2013 portant promulgation de la loi n° 43-12 relative à l'Autorité marocaine du marché des capitaux, B.O n° 6144 du 18 avril 2013.

[22] Dahir n° 1-14-117 du 2 ramadan 1435 (30 juin 2014) portant promulgation de la loi n° 20-13 relative au conseil de la concurrence, B.O n° 6280 du 10 chaoual 1435 (7 août 2014).

[23] Décret n° 2-15-109 du 4 juin 2015 pris pour l'application de la loi n° 20-13 relative au conseil de la concurrence, B.O n° 6370 du 18 juin 2015.

La principale mission du conseil est d'assurer les valeurs de concurrence libre et loyale et de transparence des relations économiques. Pour ce, il contrôle les pratiques anticoncurrentielles et les pratiques déloyales, de concentration économique et de monopole. Face à ces pratiques, le conseil est habilité à prendre les mesures appropriées.

Le conseil assure aussi un rôle consultatif en donnant son avis sur les demandes de consultation formulées selon les dispositions de la loi 20-13 et par la loi 104-12 relative à la liberté des prix et de la concurrence. Il publie également et périodiquement des études sur le climat général de la concurrence dans le domaine économique.

Le conseil peut être saisi soit par les autorités administratives soit par les entreprises comme il peut s'autosaisir pour toutes les pratiques considérées comme mettant en cause la concurrence libre et loyale.

Le conseil est également investi d'un large pouvoir consultatif. Les commissions parlementaires peuvent consulter le conseil au sujet des propositions et projets de lois et sur toute question en relation avec la concurrence. Il donne son avis sur toute question relative à la concurrence à la demande du gouvernement.

Le conseil est également habilité à donner des avis à la demande des assemblées délibérantes locales, des chambres professionnelles, des syndicats et des associations de consommateurs reconnues d'utilité publique. En outre, il peut être consulté par les juridictions à l'occasion des affaires dont elles sont saisies.

4- Autorité de Contrôle des Assurances et de la Prévoyance Sociale

L'Autorité de Contrôle des Assurances et de la Prévoyance Sociale (ACAPS) a été créée par la loi n°64-12 promulguée en mars 2014 et entrée en vigueur en avril 2016.[24]

La mission de l'autorité est de d'assurer la supervision des entreprises d'assurances et de réassurance et du réseau des agences de distribution ainsi que des organismes de la prévoyance sociale. Elle œuvre ainsi pour la protection des droits des assurés, affiliés, adhérents et ayants droits. Pour ce, elle assure les missions suivantes :

- Le contrôle des entreprises d'assurances et de Réassurance en termes de solvabilité ;
- Le contrôle du respect par les opérateurs des règles relatives à chaque secteur ;
- Le suivi des pratiques commerciales ;
- L'instruction des réclamations portant sur les opérations pratiquées par les entités soumises au contrôle de l'autorité.

Le contrôle prévu sur le secteur de la mutualité est exercé par l'autorité en collaboration avec l'autorité gouvernementale chargée de l'emploi.

5- L'agence nationale de réglementation des télécommunications

L'ANRT a été créée en février 1998, en application de la loi n° 24-96 relative à la Poste et aux Télécommunications, qui a fixé les contours généraux de la réorganisation du secteur. En tant

[24] Dahir nº 1-14-10 du 4 joumada I 1435 (6 mars 2014) portant promulgation de la loi n° 64-12 portant création de l'Autorité de contrôle des assurances et de la prévoyance sociale, B.O n° 6240 du 20 mars 2014.

qu'organe de régulation, l'ANRT est investie de missions à la fois juridiques, techniques et économiques.

- Missions juridiques

L'ANRT est chargée de réguler le marché des télécommunications. Pour ce, elle met en œuvre les démarches d'octroi des licences suite à des appels à la concurrence. Elle adopte les procédures concernant la gestion du domaine Internet.ma.

- Missions techniques

L'ANRT est habilitée à déterminer les spécifications techniques et administratives et à donner son agrément aux équipements et installations radioélectriques de télécommunications. Elle contrôle aussi le respect par les opérateurs de leurs engagements en matière de couverture du territoire et en matière de la qualité de leurs prestations.

- Missions économiques

Une des missions fondamentales de l'ANRT est de garantir une concurrence saine et loyale dans le domaine des télécommunications. L'objectif étant d'assurer un développement durable de ce secteur. Dans ce cadre, elle est habilitée à approuver les offres techniques et tarifaires d'interconnexion présentées par les opérateurs et à instruire les litiges entre ceux-ci.

B- Les AAI avec mission de protection des droits et libertés

Il s'agit des autorités suivantes :

- Le médiateur du Royaume.
- La Haute Autorité de la communication audiovisuelle (HACA).
- L'Instance Centrale de la Prévention de la Corruption.
- La Commission Nationale de Contrôle de Protection des données à caractère personnel.
- Le Conseil national des droits de l'Homme.

1- Le médiateur du Royaume

Cette autorité a été créée par dahir en 2001 sous le nom de « Diwan Al-Madhalim »[25] auquel un autre dahir du 17 mars 2011 a substitué l'appellation de « Médiateur »[26], adoptée aussi par l'article 162 de la constitution de 2011. D'après l'article premier du dernier dahir, le médiateur est une institution nationale, indépendante et spécialisée dont la raison d'être est de défendre les droits des usagers face aux autorités administratives et de contribuer à faire valoir les principes d'équité, de justice et de transparence dans la gestion des différents services publics et d'œuvrer pour promouvoir une communication efficiente entre administrations et administrés.

A la tête de l'institution se trouve un médiateur, nommé par dahir pour un mandat de cinq ans, renouvelable une seule fois. Il est désigné parmi les personnalités reconnues pour leur probité, leur compétence, leur impartialité et leur attachement aux règles de la primauté du droit et aux principes de la justice et de l'équité. Ses principales missions consistent à :

- Instruire les doléances contre tout acte administratif jugé préjudiciable aux intérêts des personnes physiques ou morales, nationales ou étrangères. Cette instruction est faite de la propre initiative du médiateur comme sur plainte.

- Recevoir les plaintes et doléances, de les traiter et d'effectuer les enquêtes et investigations qui s'avèrent nécessaires.

- Effectuer des missions de médiation et de conciliation à l'occasion de litiges entre les administrations et les usagers.

Dans l'accomplissement de ses missions, le médiateur est suppléé par des délégués spéciaux dont chacun prend en charge un domaine bien déterminé :

---

[25] Dahir n° 1-01-298 du 23 ramadan 1422 (9 décembre 2001) portant création de l'institution « Diwan Al Madhalim », B.O n° 4966 du 3 janvier 2002.

[26] Dahir n° 1-11-25 du 12 Rabii II 1432 (17 mars 2011) portant création de l'Institution du Médiateur, B.O n° 5926 du 17 mars 2011.

- Le délégué spécial chargé de faciliter l'accès aux informations administratives ;

- Le délégué spécial chargé du suivi de la simplification des procédures administratives et de l'accès aux services publics ;

- Le délégué spécial chargé du suivi de l'exécution des décisions judiciaires rendues à l'encontre de l'administration.

Les délégués spéciaux sont nommés par dahir sur proposition du Médiateur. Ils sont désignés parmi les personnalités reconnues pour leur expertise et leur compétence dans les domaines du droit, de la gestion et de l'administration.

Afin de rendre l'institution du médiateur plus accessible aux administrés, des délégations régionales ont été mises en place. Les médiateurs régionaux sont nommés dans leurs fonctions par dahir, sur proposition du Médiateur. Ils sont sélectionnés parmi les cadres supérieurs relevant de l'État, des établissements publics, des collectivités territoriales et même des cadres en activité au secteur privé et justifiant à la fois d'une formation supérieure et d'une expérience professionnelle dans les domaines de l'administration, de la magistrature ou du droit et dont la compétence, l'expertise et la probité sont reconnues.

Les administrations publiques doivent faciliter les procédures et démarches d'enquête et d'investigation que le médiateur et ses délégués régionaux sont amenés à conduire en mettant à leur disposition tous les documents et informations demandés à l'exception de ceux couverts par le secret en vertu de la législation applicable.

Le médiateur établit un rapport annuel et le soumet eu Roi. Ce rapport fait état des différents dysfonctionnements et défaillances qui affectent les rapports de l'administration avec les citoyens et propose des mesures pour corriger lesdits dysfonctionnements. Ce rapport est rendu public par sa publication au Bulletin officiel.

2- La Haute Autorité de la communication audiovisuelle (HACA)

La Haute Autorité de la Communication Audiovisuelle (HACA) a été instituée par le dahir n° 1-02-212 du 31 août 2002[27] avant d'être constitutionnalisée en 2011. L'institution a été ensuite réorganisée par une loi du 25 août 2016[28]. Elle est dotée de la personnalité morale et de l'autonomie financière. Sur le plan organisationnel, sa gestion est assurée par un conseil supérieur et une direction générale.

Le Conseil Supérieur de la Communication Audiovisuelle se compose de neuf membres :

- Le président et quatre autres membres nommés par le Roi ;

- Deux membres nommés par le chef du gouvernement ;

- Un membre nommé le président de la chambre des représentants ;

- Un membre nommé le président de la chambre des conseillers.

La mission principale du conseil est de veiller à ce que la réglementation de la communication audiovisuelle ainsi que les clauses des cahiers de charges soient respectées par les opérateurs publics et privés de communication audiovisuelle. Les principes et valeurs à respecter par ces derniers sont cités par l'article 3 de la loi. Il s'agit :

- du respect de la liberté de la communication audiovisuelle et de la liberté d'expression ;

- du respect des valeurs civilisationnelles fondamentales du pays et des exigences liées à la préservation de l'ordre public ;

---

[27] Dahir n° 1-02-212 du 22 joumada II 1423 (31 août 2002) portant création de la Haute Autorité de la communication audiovisuelle modifié par le Dahir n° 1-03-302 du 16 ramadan 1424 (11 novembre 2003) et par le Dahir n° 1-07-189 du 19 kaâda 1428 (30 novembre 2007) et par le Dahir n° 1-0873 du 20 chaoual 1429 (20 octobre 2008).

[28] Dahir n° 1-16-123 du 25 août 2016 portant promulgation de la loi n° 11-15 portant réorganisation de la Haute autorité de la communication audiovisuelle.

- du respect du droit des citoyennes et citoyens à l'information dans le domaine de l'audiovisuel ;

- de la mise en place d'un système audiovisuel pluraliste, indépendant et de qualité ;

Afin d'assurer le respect de ces normes, le conseil est habilité pour assurer comme attributions :

- Accorder les licences et les autorisations relatives au secteur de la communication audiovisuelle ;

- Etablir les normes juridiques et techniques applicables à la mesure de l'audience des programmes des opérateurs de communication audiovisuelle ;

- Contrôler le respect des normes mondiales relatives à la télévision numérique ;

- Approuver les cahiers des charges des compagnies nationales actives dans l'audiovisuel ;

- Contrôler le respect du pluralisme dans le secteur audiovisuel et la représentation par celui-ci des différents courants de pensée ;

- Veiller au respect de règles relatives à la publicité.

Afin de garantir l'effectivité de ces attributions, le conseil est en droit de sanctionner les infractions et irrégularités commises par les différents opérateurs de la communication audiovisuelle. Dans ce cadre, le conseil est habilité à recevoir des plaintes formulées par le Parlement, le chef du gouvernement, les organisations politiques ou syndicales ou les associations de la société civile intéressées à la chose publique et les conseils des régions. Les particuliers ont également le droit de saisir le conseil pour toute violation des lois ou règlements relatives à la communication audiovisuelle. Le conseil instruit ces différentes plaintes et doit statuer dans un délai de soixante jours. Ce délai peut être prorogé une seule fois d'une durée de trente jours.

Le conseil exerce aussi une compétence consultative ou propositionnelle à l'égard du Roi, du gouvernement et des deux chambres du parlement sur toute question en relation avec ses domaines de compétence.

3- L'Instance Centrale de la Prévention de la Corruption

L'Instance Nationale de la Probité, de la Prévention et de la Lutte contre la Corruption (INPPLC) est une institution nationale indépendante qui jouit de la personnalité morale et de l'autonomie financière et administrative. Elle a été créée par l'article 167 de la constitution de 2011 mis en vigueur par la loi 46-19[29] qui a explicité les missions, les attributions, la composition, l'organisation et les modalités de fonctionnement de l'Instance.

L'Instance est gérée par un président nommé par dahir et un conseil qui comporte, aux côtés du président, des membres désignés parmi les personnalités reconnues pour leur expérience, expertise, probité, impartialité et compétence dans les domaines d'intervention de l'Instance. Leur nomination est répartie comme suit :

- Quatre membres nommés par le Roi ;

- Quatre membres nommés par le chef du gouvernement ;

- Deux membres désignés par le président de la Chambre des représentants

- Deux membres désignés par le président de la Chambre des conseillers.

Tous les membres ont un mandat de cinq ans, renouvelable une seule fois.

En matière de lutte contre la corruption, l'Instance est habilitée à recevoir les plaintes et dénonciations, à mener les opérations d'enquête et d'investigation y afférentes et à prendre les mesures qu'elle estime nécessaires à leur sujet conformément aux

---

[29] Dahir n°1.21.36 du 8 ramadan 1442 (21 avril 2021) relatif à l'application de la loi 46.19 portant sur l'Instance Nationale de la Probité, de la Prévention et de la Lutte contre la Corruption, B.O n° 6986 du 13 mai 2021.

dispositions de la loi 46-19. Une commission permanente est chargée d'instruire les rapports d'enquête et décide selon les cas de les remettre aux autorités administratives ou judiciaires pour la mise en œuvre des sanctions administratives, pécuniaires ou mêmes pénales appropriées.

4- La Commission Nationale de Contrôle de Protection des données à caractère personnel (CNDP)

La CNDP été instituée par l'article 27 de la loi n° 09-08 relative à la protection des personnes physiques à l'égard du traitement des données à caractère personnel[30]. La CNDP est composée d'un président nommé par le Roi et de six autres membres également nommés par le Roi mais proposés comme suit :

- Deux membres proposés par le chef du gouvernement ;
- Deux membres proposés par le président de la chambre des représentants ;
- Deux membres proposés par le président de la chambre des conseillers.

La durée du mandat des membres de la CNDP est de cinq ans, renouvelable une seule fois.

Contrairement aux autres autorités administratives indépendantes, la CNDP ne jouit pas de la personnalité juridique et encore moins de l'autonomie. L'article 27 précité dispose clairement qu'elle est instituée « auprès » du chef du gouvernement, ce qui fait d'elle un organe rattaché à l'exécutif. Cette situation est paradoxale car le propre d'une AAI est justement d'être en pouvoir d'agir en toute indépendance vis-à-vis des autorités publiques, d'où la nécessité de la doter de l'autonomie administrative et financière. De ce point de vue, il est difficile de reconnaître à la CNDP la qualité d'une AAI. Toutefois, ce manque d'autonomie est tempéré par deux

[30] Dahir n° 1-09-15 du 18 février 2009 portant promulgation de la loi n° 08-09 relative à la protection des personnes physiques à l'égard du traitement des données à caractère personnel, B.O n° 5714 du 5 mars 2009.

données fondamentales. D'abord, les membres de la commission sont nommés par le chef de l'État alors que le chef du gouvernement n'a que le pouvoir d'en proposer deux. Ensuite, la loi a reconnu à la commission des pouvoirs de régulation, de contrôle, d'investigation et de contrôle. Ce qui en fait une autorité de régulation dont l'autonomie n'a pas été expressément reconnue par le Droit mais a été établie de fait.

En tant qu'autorité de régulation, la CNDP, et au-delà de ses compétences d'information, de sensibilisation, de conseil et de proposition, assure des missions de protection, de contrôle et d'investigation.

En matière de protection, la CNDP œuvre pour instaurer la transparence dans le processus de traitement des données personnelles par les organismes publics et privés. Pour ce, elle a été habilitée par la loi à assurer les missions qui suivent :

- L'instruction des plaintes présentées à la commission par des individus ;

- Le traitement des déclarations et des demandes d'autorisation des responsables de traitement des données.

- La tenue du registre national de la protection des données à caractère personnel.

En matière de contrôle et d'investigation, la CNDP est habilitée à vérifier la conformité de l'usage des données à caractère personnel à la législation et la réglementation en vigueur à savoir la loi 09-08 et de ses décrets d'application. Le pouvoir d'investigation reconnu à la CNDP concerne tous les éléments du processus de traitement des données personnelles.

5- Le Conseil national des droits de l'Homme (CNDH)

Le CNDH a été initialement institué par le dahir n° 1-11-19 du 1er mars 2011, constitutionnalisé par l'article 161 de la constitution de

2011, puis réorganisé par la loi n° 76-15 du 22 février 2018[31]. Il s'agit d'une institution nationale, pluraliste et indépendante chargée de connaître de toutes les questions relatives à la protection et à la défense des droits de l'Homme au pays. Le Conseil est composé comme suit :

- Un président nommé par le Roi.
- Un secrétaire général nommé par dahir sur proposition du président.
- Les présidents des commissions régionales des droits de l'Homme.
- Et 27 membres dont :

- 9 nommés par le Roi ;
- 8 nommés par le chef du gouvernement ;
- 4 nommés par le président de la chambre des représentants ;
- 4 nommés par le président de la chambre des conseillers ;
- 1 représentant de l'institution du médiateur ;
- 1 représentant du Conseil de la communauté marocaine à l'étranger.

La qualification du CNDH comme autorité administrative indépendante soulève deux interrogations : la première est en relation avec son autonomie. La deuxième concerne son pouvoir de régulation. Sur la première question, la loi 76-15, tout comme la constitution d'ailleurs, se contente de qualifier le CNDH d'institution « pluraliste et indépendante » sans pour autant lui reconnaître expressément la personnalité juridique. Ce qui revient à dire que le qualificatif « indépendante » ne renvoie pas à un statut juridique mais plutôt à une garantie de libre position.

En ce qui concerne son pouvoir régulateur, force est de constater qu'il est limité. Le Conseil est essentiellement habilité à recevoir des plaintes qu'il transmet aux autorités concernées et dont il assure par la suite le suivi. Il examine par ailleurs les cas de violation des droits

---

[31] Dahir n° 1-18-17 du 22 février 2018 portant promulgation de la loi n° 76-15 relative à la réorganisation du Conseil national des droits de l'Homme, B.O n° 6662 du 5 avril 2018.

de l'enfant et des personnes en situation de handicap et œuvre pour la prévention de la torture et des traitements inhumains ou dégradants. Le législateur n'a donc pas accordé au Conseil un quelconque pouvoir d'autorisation, de contrôle ou de sanction. Néanmoins, par ses attributions en matière d'observation, d'enquête, de *reporting* et de réception de plaintes, le Conseil devrait exercer une influence sur l'action des autorités publiques en matière des droits de l'Homme.

CHAPITRE III : LA DÉCONCENTRATION ADMINISTRATIVE AU MAROC

Afin d'assurer une gestion efficace et de proximité des affaires publiques, et de rapprocher l'administration des administrés, tous les ministères (à l'exception du chef du gouvernement et du ministère des affaires étrangères) et certains établissements disposent de représentations implantées au niveau des différents échelons territoriaux. Les rapports entre les administrations centrales et ces délégations ont connu historiquement une évolution substantielle en termes de délégation des pouvoirs. Afin de se rendre compte de cette évolution, il suffit de revenir sur l'acheminement de la déconcentration administrative avant de présenter ses principes directeurs, ses structures et son fonctionnement.

SECTION 1 : BREF APERÇU HISTORIQUE

L'organisation administrative déconcentrée n'est pas une politique qui date de l'indépendance ni même de la période du protectorat. Bien avant, l'administration marocaine traditionnelle (le Makhzen) a connu des formes de déconcentration.

L'organisation administrative du Maroc avant le protectorat était essentiellement centralisée avec une concentration des pouvoirs entre les mains du Sultan. Or celui-ci procédait à la nomination de certains responsables qui agissaient au niveau local. Le Sultan leur reconnaissait des attributions d'autorité qu'ils exerçaient strictement en son nom afin d'assurer les missions d'exécution des dahirs royaux, de maintien de l'ordre public et de collecte des impôts. Il s'agissait essentiellement de quatre responsables locaux :

- Les *khalifas* du Sultan qui le représentaient au niveau des régions.

- Les *pachas* qui représentaient le sultan au niveau des villes et dont la mission consistait à exécuter les dahirs, à faire régner l'ordre public et à collecter les impôts.
- Les *caïds* présents au niveau des tribus où ils exerçaient des pouvoirs à la fois administratifs et judiciaires.
- Les *mohtassibes* qui constituaient la deuxième autorité au niveau des villes et dont la mission principale était de contrôler la vie économique et notamment le contrôle des prix.

Avec l'installation du protectorat, celui-ci a également opté pour une gestion déconcentrée. Ce choix était justifié non pas seulement par des considérations techniques d'efficacité et de proximité en matière de contrôle et de direction, mais aussi par les différences et les particularités de chaque partie du territoire, ce qui exigeait une administration locale appropriée. Le territoire marocain a ainsi été divisé en régions civiles et en régions militaires. Le pouvoir central était représenté au niveau des premières par des officiers des affaires indigènes, et au niveau des deuxièmes par des contrôleurs civils. Le choix de la déconcentration était donc essentiellement par des raisons politiques et par des velléités de contrôle et de domination.

Au lendemain de l'indépendance, il est possible de noter un renforcement continu de la déconcentration administrative et une consécration progressive du statut des administrations déconcentrées. Dans ce cadre, on peut distinguer trois grandes étapes :

La première est celle qui va de l'indépendance jusqu'à l'adoption du décret du 20 octobre 1993. Cette période a été marquée par l'adoption de textes disparates, sous forme de dahirs et de décrets, autorisant la délégation de signature et de pouvoirs aux services extérieurs des différents ministères.

La deuxième période est celle marquée par l'adoption du décret du 20 octobre 1993 qui constitue la première tentative de mettre en place une politique de déconcentration[32]. Le décret a eu le mérite de déterminer les compétences des administrations centrales et celles des administrations déconcentrées. Dans ce cadre, il dispose que les administrations centrales sont chargées :

- De préparer la politique gouvernementale dans leurs secteurs d'intervention respectifs ;
- De préparer les projets des textes législatifs et réglementaires ;
- D'assurer l'organisation générale des services étatiques ;
- De déterminer le programme d'action des services extérieurs, dévaluer leurs besoins et de les doter en moyens nécessaires à l'accomplissement de leurs missions ;
- D'assurer le suivi et le contrôle de ces services extérieurs.

En revanche, les services extérieurs sont chargés, à leur niveau territorial, de l'exécution de la politique gouvernementale et de toutes les décisions et directives des autorités centrales.

Un deuxième apport fondamental du décret de 1993 est la mise en place d'une « commission permanente de déconcentration administrative » sous la présidence du chef du gouvernement. Cette commission était composée par ailleurs des ministres de l'intérieur, des finances, des affaires administratives, du secrétaire général du gouvernement et des ministres concernés. La commission avait pour mission principale de proposer la politique gouvernementale en matière de déconcentration administrative et d'assurer le suivi de sa mise en œuvre. Plus précisément la commission était chargée des missions suivantes :

- Etablir un inventaire de tous les actes de gestion qui pourraient faire objet de délégation de signature ;
- Harmoniser le cadre territorial des services extérieurs des administrations publiques et de veiller à l'adaptation du découpage territorial aux attributions devant être accomplies par ces services ;

[32] Décret n° 2-93-625 du 20 octobre 1993 relatif à la déconcentration administrative, B.O n° 4227 du. 03/11/1993.

- Veiller à ce que les administrations centrales transfèrent aux services extérieurs non seulement les attributions mais aussi les moyens de leur exercice ;

En dépit de ces dispositions, il convient de remarquer que le décret de 1993 continuait à faire de la déconcentration une politique volontariste dont l'étendue dépend de la volonté des ministres. L'article 3 dudit décret confirme cette analyse puisqu'il dispose clairement que les ministres « peuvent » donner délégation aux chefs de leurs services extérieurs ou aux gouverneurs pour qu'ils agissent en leur nom dans la limite de leurs circonscriptions territoriales. De même, et par le biais du même article, ces chefs des services extérieurs « peuvent » être institués sous-ordonnateurs des dépenses des crédits mis à leur disposition. Le procédé de délégation volontaire continuait donc d'être le mécanisme privilégié de la politique de déconcentration.

Cette situation commencera toutefois à changer avec l'adoption du décret du 2 décembre 2005 fixant les règles d'organisation des départements ministériels et de la déconcentration administrative[33]. Celui-ci fait de la procédure de délégation une obligation et non plus un choix. En effet, dans son article 5, il dispose clairement que « les chefs des départements ministériels sont tenus de déléguer la signature et la responsabilité de prendre les décisions administratives individuelles, aux chefs des services déconcentrés, au niveau de la région, de la préfecture ou de la province, à l'exception des décisions qui, en vertu des dispositions législatives ou réglementaires contraires, ne peuvent leur être déléguées ». L'exercice des compétences administratives territoriales devient donc une attribution des services extérieurs dans le cadre d'une répartition générale des compétences avec les administrations centrales.

[33] Décret n° 2-05-1369 du 29 chaoual 1426 (2 décembre 2005) fixant les règles d'organisation des départements ministériels et de la déconcentration administrative, B.O n° 5386 du 12/01/2006.

Pour rendre effective cette nouvelle vision de la politique de déconcentration administrative, le décret de 2005 innove en chargeant les différents départements ministériels de préparer et de mettre en œuvre des schémas directeurs de déconcentration administrative. Ces schémas qui devaient être mis en œuvre durant une période allant de 2 à 5 ans depuis la date d'adoption du décret, déterminent notamment :

- Les attributions à transférer aux services déconcentrés ;

- Les ressources humaines actives au sein des administrations centrales et des services déconcentrés répartis selon leurs cadres et leurs grades ;

- Les ressources humaines à redéployer au profit des services déconcentrés ;

- les ressources financières et les moyens matériels à mettre à la disposition des services déconcentrés ;

- Les décisions administratives individuelles devant continuer à être prises par les administrations centrales ;

Le décret de 2005 remplace par ailleurs, mais dans le même objectif, la commission permanente de déconcentration administrative par une nouvelle instance appelée désormais « Commission d'organisation des structures administratives et de la déconcentration administrative ».

Le décret de 2005 marque donc une continuité dans le renforcement du statut des services extérieurs et dans la volonté d'asseoir une politique générale de déconcentration administrative à travers une clarification des rapports entre les administrations centrales et leurs services déconcentrés. Cela s'inscrit aussi dans le sillage de la lettre royale du 9 janvier 2002, adressée au Premier ministre au sujet de la gestion déconcentrée de l'investissement[34] et qui avait pour but de renforcer les attributions des walis et gouverneurs dans la réalisation des investissements. Pour ce, le

---

[34] B.O. n°4970 du 17 janvier 2002.

gouvernement devait déléguer aux walis les pouvoirs nécessaires pour assurer cette mission. Mais d'une manière plus globale, la lettre invitait aussi le gouvernement à préparer une refonte des représentations régionales des administrations centrales, dans une optique d'économie des structures et de synergie des actions, et d'étudier la mise en œuvre d'un statut du personnel régional.

Cette nouvelle manière de concevoir la politique de déconcentration prendra une forme plus élaborée avec l'adoption du décret du 26 décembre 2018 portant « Charte de déconcentration ».

SECTION 2 : LA CHARTE DE DÉCONCENTRATION ADMINISTRATIVE[35]

Comme indiqué dans son article 2, le décret du 26 décembre 2018 ambitionne d'être « une charte nationale de référence de déconcentration administrative des services de l'État ». Il vise de ce fait à édicter les règles générales de l'organisation administrative déconcentrée, à harmoniser ses structures et procédures et en faire une politique administrative obligatoire pour l'ensemble des départements ministériels. Outre cette institutionnalisation de la déconcentration administrative, le décret innove en substituant l'appellation « services déconcentrés » à celle de « services extérieurs », en remplaçant le terme « délégation » par celui de « transfert » de compétences et de moyens financiers et en instaurant et en clarifiant davantage les relations entre les services déconcentrés et les administrations centrales d'un côté, et entre ces mêmes services et les différents intervenants territoriaux, dont notamment les conseils locaux élus et les walis et gouverneurs, d'un autre côté.

[35] Décret n° 2-17-618 du 26 décembre 2018 portant charte nationale de déconcentration administrative, B.O n° 6740 du 3-1-2019.

§1-Principes directeurs de la politique de déconcentration administrative

La politique de déconcentration administrative mise en place par la charte de 2018 se base sur deux principes directeurs : la région comme cadre territorial de déconcentration et le rôle central des walis des régions dans sa mise en œuvre.

A- Le cadre régional

Le décret a choisi la région comme cadre territorial approprié pour asseoir la politique de déconcentration administrative. Désormais, la structure des administrations de l'État doit être régionalisée. Ce choix ne fait que conformer l'organisation administrative étatique avec le texte de la constitution de 2011 qui dispose dans son article premier que l'organisation territoriale du Royaume est décentralisée, basée sur la régionalisation avancée. Le décret lui-même souligne dans son article 3 que la déconcentration qu'il entend mettre en place est censée accompagner l'option régionale consacrée par la constitution. De ce point de vue, la déconcentration serait une des conditions du succès de la décentralisation. Le niveau territorial régional s'appuiera dorénavant sur deux administrations coexistantes et parallèles : une administration décentralisée et une autre déconcentrée.

Le cadre régional, comme cadre privilégié de déconcentration, est ainsi appelé à servir d'échelon intermédiaire au sein du rapport entre les administrations centrales et les services déconcentrés.

B- Le rôle central du wali de la région

La politique de déconcentration accorde un rôle de pivot au wali de la région, en sa qualité de représentant du pouvoir central. Un tel statut répond à la volonté de l'État de pouvoir s'appuyer au niveau régional sur une autorité qui serait capable d'assurer la coordination et la convergence dans le fonctionnement des différents services déconcentrés.

Pour ce, le décret reconnaît au wali la mission de veiller au bon fonctionnement des services déconcentrés et de les contrôler sous l'autorité des ministres concernés. Une telle mission est indispensable pour garantir l'efficacité de la politique de déconcentration administrative.

§2- Organisation des services déconcentrés

L'organisation administrative déconcentrée est mise en place par le biais de représentations administratives régionales et de représentations administratives préfectorales et provinciales. Ces différentes représentations peuvent prendre deux formes :

- La forme de représentations communes à deux ou même à plusieurs départements ministériels qui se partagent des objectifs cohérents et complémentaires.
- La forme de représentations sectorielles qui seraient propres à chaque département ministériel.

Les représentations administratives communes peuvent avoir une dimension régionale ou provinciale. La création de représentations administratives régionales communes à plusieurs départements ministériels est prioritaire selon le décret de 2018 dont elle constitue une des innovations majeures. Au vu de son caractère interministériel, cette création est faite par décret sur proposition des autorités gouvernementales concernées soit à leur initiative soit à l'initiative de la commission interministérielle de la déconcentration ou du wali de la région. L'organisation et les attributions de la représentation régionale commune sont fixées par le même décret de sa création.

Les représentations administratives régionales sectorielles sont elles aussi créées par décret.

En revanche, la création des représentations administratives provinciales communes se fait par arrêté conjoint des ministres concernés, à leur propre initiative, comme sur proposition de la commission interministérielle de la déconcentration ou du gouverneur de la préfecture ou de la province. Les attributions de ces représentations sont fixées par le même arrêté conjoint. Les représentations provinciales sectorielles sont, elles, créées par simple arrêté du ministre concerné. Tous les arrêtés précités doivent être revêtus du visa des ministres de l'intérieur, des finances et de la réforme de l'administration et de la fonction publique.

Les chefs des représentations régionales sont nommés par décret. Par contre, les chefs des représentations administratives provinciales, eux, sont nommés par arrêté des ministres concernés.

§3- Relations des services déconcentrés avec les administrations centrales

Le décret de 2018 reconnaît aux services déconcentrés des compétences de droit commun. En effet, dans le cadre de la répartition des attributions entre le central et le local, le décret limite celles des administrations centrales à deux types : les attributions qui présentent un caractère national, et puis les attributions qui ne peuvent être accomplies par les services déconcentrés.

En conséquence, les services déconcentrés ont fini par hériter de compétences plus ou moins larges. Ainsi, les représentations administratives régionales sont chargées de la gestion des services publics étatiques institués au niveau régional. Et à ce titre, elles contribuent à la réalisation des projets programmés sur le territoire de la région.

Les services déconcentrés provinciaux doivent assurer la mise en œuvre des politiques, directives et décisions qui émanent des autorités gouvernementales centrales. Ils sont aussi chargés de réaliser les programmes et projets programmés au niveau de la préfecture ou de la province.

Pour ce, le décret de 2018 a procédé au renforcement du statut des services déconcentrés par le biais de deux dispositions :

- D'un côté, il met à la charge des administrations centrales l'obligation de prendre les mesures nécessaires pour doter les services déconcentrés des prérogatives indispensables à l'accomplissement de leurs missions.

- D'un autre côté, il reconnait aux chefs des services déconcentrés et à leurs personnels la responsabilité de gérer leurs services, sous la supervision du wali ou du gouverneur.

Afin de donner corps à cette nouvelle configuration, les administrations centrales doivent élaborer des schémas directeurs de déconcentration administrative qui déterminent en particulier :

- Les attributions à transférer aux services déconcentrés ;
- Les ressources humaines et financières nécessaires qui doivent accompagner ce transfert de compétences ;
- Les objectifs à atteindre et les indicateurs d'évaluation de performance dans la réalisation de ces objectifs ;
- Le calendrier d'exécution du schéma directeur.

Le décret de 2018 introduit une autre nouveauté en instituant un mécanisme contractuel. Il dispose en effet dans son article 22 que, au niveau régional, l'exécution des schémas directeurs s'effectue dans le cadre de contrats entre les administrations centrales d'un côté et le wali de la région ainsi que les chefs des services déconcentrés régionaux concernés d'un autre côté.

§4- Relations des services déconcentrés avec les walis et gouverneurs

Les walis et gouverneurs jouissent d'un statut privilégié sur le plan territorial de par l'article 145 de la constitution de 2011. En effet, ils sont les seuls à cet échelon qui peuvent se targuer d'être les représentants du pouvoir central, au moment où les chefs des services déconcentrés ne sont que les représentants de leurs ministres respectifs. En cette qualité, il va de soi qu'ils auront une main mise sur le fonctionnement de tous les services qui opèrent dans le cadre de leur ressort territorial.

Le décret de 2018 a adopté une position conforme à la constitution en disposant clairement que les walis et gouverneurs coordonnent, quoique sous l'autorité des ministres concernés, les activités des services déconcentrés et veillent à leur bon fonctionnement. De façon plus explicite, l'article 26 du décret habilite les walis et gouverneurs à prendre « toutes les mesures nécessaires » pour que les services déconcentrés assument leurs différentes missions et obligations dans le cadre de mise en œuvre des programmes et projets gouvernementaux.

A cette fin, le décret reconnaît aux walis et gouverneurs trois types de pouvoirs vis-à-vis des services déconcentrés :

- Un pouvoir d'animation, de supervision et de contrôle : Ils assurent un suivi permanent du fonctionnement des différents services déconcentrés afin de les amener à accomplir leurs missions. Ils veillent aussi à ce que ces services accompagnent les assemblées délibérantes locales dans la préparation et l'exécution de leurs différents programmes et projets.

- Un pouvoir de proposition : Les walis et gouverneurs sont habilités à émettre des propositions aux administrations publiques centrales afin de contribuer à l'amélioration du fonctionnement des services déconcentrés et de la qualité des prestations rendues aux usagers.

- Un pouvoir d'information : Les walis et gouverneurs établissent des rapports d'information en faveur des autorités gouvernementales concernées sur les mesures ayant été prises pour l'exécution des programmes d'investissement et d'équipement que l'État et les différents acteurs, publics ou privés, réalisent sur le territoire de la région ou de la province.

Afin d'assister les walis et gouverneurs dans l'accomplissement des attributions précédemment exposées, le décret de 2018 a mis en place des organes de gouvernance et de coordination. Certains sont spécifiques aux walis des régions, d'autres sont rattachés aux gouverneurs des préfectures et provinces.

Dans les cas des walis, ils sont assistés par deux organes : un comité régional de coordination et un secrétariat général des affaires régionales.

- Le comité régional de coordination est un organe collégial composé :

- Des gouverneurs des préfectures et provinces relevant du ressort territorial de la région ;
- Du secrétaire régional des affaires régionales ;
- Des chefs des services déconcentrés de l'État au niveau de la région.

Le comité fonctionne sous l'autorité du wali afin d'assurer la cohérence et la convergence des actions et des programmes des différents services déconcentrés et à la convergence de leurs programmes et projets.

- Le secrétariat général des affaires régionales est une structure administrative placée auprès du wali et dirigée par un secrétaire général nommé par le ministre de l'intérieur et dont les principales missions consistent à préparer les réunions du comité régional de coordination, à établi des rapports sur le bilan de mise en œuvre des politiques publiques et sectorielles. Il peut aussi avoir à mener des missions de coordination et de suivi.

Les gouverneurs des préfectures et provinces, eux, sont assistés dans leurs missions par un comité technique. Cette structure a été initialement instituée par les dispositions du dahir portant loi du 15 février 1977 relatif aux attributions du gouverneur[36]. Ce comité est composé du secrétaire général de la préfecture ou province, des chefs de cercle, des chefs des services extérieurs des administrations centrales de l'État, des directeurs des établissements publics. Il doit

---

36 Dahir portant loi n° 1-75-168 du 25 safar 1397 (15 février 1977) relatif aux attributions du gouverneur Tel qu'il a été modifié et complété, B.O du 16 mars 1977.

essentiellement assurer la coordination des activités des services déconcentrés de l'État au niveau de la province. Il est chargé d'accompagner les programmes et les projets d'investissement prévus et les travaux d'équipement envisagés au niveau de la préfecture ou la province. Il peut aussi proposer les mesures à même d'améliorer la qualité des prestations des services préfectoraux ou provinciaux.

§5- Relations des services déconcentrés avec les collectivités territoriales

Le territoire local est le lieu de coexistence et de cohabitation de deux types de services : les services déconcentrés de l'État et les services décentralisés des collectivités territoriales. Outre leur mission de mise en œuvre des directives gouvernementales et des politiques publiques de l'État, les services déconcentrés sont appelés à accompagner le processus de décentralisation territoriale et de prêter main forte aux conseils locaux élus. Une telle mission trouve son fondement d'abord dans la constitution qui a fait le choix de la décentralisation et de la régionalisation avancée comme base de choix de l'organisation administrative du pays.

De ce point de vue, les relations des services déconcentrés avec les collectivités territoriales sont des relations d'appui et de partenariat. En termes d'appui, les services déconcentrés sont tenus d'apporter toute forme d'appui et d'assistance aux assemblées délibérantes des collectivités territoriales et de leurs différents organismes dans l'exercice de leurs attributions. En termes de partenariat, les services déconcentrés ont été invités à établir des partenariats effectifs avec les collectivités territoriales et leurs organismes dans tous les domaines. Ces partenariats peuvent notamment prendre la forme de conventions ou contrats au nom de l'État, en vertu d'une délégation spéciale.

§6- Commission interministérielle de déconcentration administrative

Devant l'ampleur de la politique de déconcentration portée par la charte du 26 août 2018, le législateur a institué une structure de gouvernance et de coordination. Il s'agit en l'occurrence de la « commission interministérielle de la déconcentration administrative ».

A- Composition

La commission est placée sous la présidence du chef du gouvernement. Elle est composée des membres suivants :

- L'autorité gouvernementale chargée de l'intérieur ;
- Le secrétaire général du gouvernement ;
- L'autorité gouvernementale chargée des finances ;
- L'autorité gouvernementale chargée de la réforme de l'administration et de la fonction publique ;
- Toute autre autorité gouvernementale pouvant être concernée par les points inscrits à l'ordre du jour de la commission.

Outre ces membres à voix délibérative, le président de la commission peut convoquer à prendre part aux réunions toute personne physique ou morale dont la participation pourrait être utile. Cette participation est d'ordre consultatif uniquement.

B- Fonctionnement

La commission se réunit au moins une fois tous les trois mois et à chaque fois que cela s'avère nécessaire, sur convocation de son président qui fixe aussi son ordre du jour.

L'autorité gouvernementale chargée de la réforme de l'administration et de la fonction publique assure la fonction de secrétariat permanent de la commission. A ce titre, elle veille sur la préparation et l'organisation des réunions de la commission, de la coordination de ses travaux ainsi que de l'établissement et de la conservation des procès verbaux et de tous les documents de la commission.

Le secrétariat permanent prépare également le rapport annuel qui relate le bilan des travaux de la commission. Ce rapport est soumis à l'examen et à l'approbation de la commission.

C- Attributions

Le rôle principal de la commission est de proposer les actions et mesures à même de mettre en vigueur la politique de l'État en matière de déconcentration administrative. Elle en assure aussi le suivi et l'évaluation.

Pour ce, la commission exerce les attributions suivantes :

- Elle propose la mise en place de représentations administratives communes à plusieurs départements ministériels aux niveaux régional, préfectoral ou provincial.
- Elle examine et approuve les propositions relatives à la création des représentations administratives régionales communes à plusieurs administrations publiques.
- Elle émet des suggestions afin d'accroître la gouvernance des actions des services publics déconcentrés.
- Elle approuve les schémas directeurs de déconcentration administrative.
- Elle assure l'évaluation de la politique de déconcentration administrative et ses résultats.

De leur côté, toutes les autorités gouvernementales soumettent à la commission des rapports annuels qui explicitent notamment les points suivants :

- Les attributions ayant fait l'objet de transfert aux services déconcentrées au titre de l'année en cours.
- Les attributions qui seront transférées ultérieurement.

- Le tableau relatif à la répartition des ressources humaines entre les services déconcentrés et les services centraux.
- Les mesures à adopter afin d'améliorer la politique de déconcentration administrative.

CHAPITRE IV : L'ORGANISATION ADMINISTRATIVE TERRITORIALE

Dès son premier article, la constitution marocaine annonce que l'organisation territoriale du Royaume est décentralisée et fondée sur la régionalisation avancée. Les collectivités territoriales sont la consécration de la décentralisation territoriale.

Une collectivité territoriale est une portion du territoire dotée par le législateur de la personnalité juridique. Elle est de ce fait administrée par un conseil élu par les citoyens et qui, disposant de l'autonomie financière, gère librement les affaires de ce territoire.

Au Maroc, les collectivités territoriales renvoient à trois échelons territoriaux :

- Les communes ;
- Les préfectures et provinces ;
- Les régions.

Avant de présenter l'organisation propre à chaque catégorie de collectivités territoriales, nous présenterons d'abord les trais communs à celles-ci.

SECTION 1 : TRAITS COMMUNS A TOUTES LES COLLECTIVITÉS TERRITORIALES

§1- Genèse de la décentralisation territoriale au Maroc

Si on définit la décentralisation territoriale comme étant une forme d'autonomie par rapport au pouvoir central d'un côté et la reconnaissance de l'existence d'intérêts locaux propres, il est possible de relever l'existence d'une expérience décentralisatrice dans l'ère précoloniale au Maroc. Cette période a été en effet marquée par l'existence de la Jemaa. Celle-ci était un organe délibérant composé des chefs de familles, chefs de tribus, fractions, clans et des notables. Elle délibérait sur toutes les questions intéressant la vie de la communauté, sur ses relations avec les autres tribus et avait même un droit de regard sur la nomination du Caïd, représentant du pouvoir central au niveau local. Celui-ci jouait le rôle d'intermédiaire entre la Jemaa et le Makhzen. La gestion des affaires locales et la résolution des conflits se faisaient selon les coutumes locales.[37]

La Jemaa intervenait fortement dans le domaine économique et social de la communauté. Elle fixait les périodes d'utilisation de la forêt pour le pâturage ou la récolte des baies, elle réglementait l'usage et la répartition des seguias et elle désignait les préposés de la communauté à la surveillance et à la répartition de l'eau et des irrigations[38]. L'exécutif de la Jemaa était assuré par l'*Amghar*.[39]

Cette articulation de pouvoirs sous l'ère précoloniale relevait beaucoup plus de considérations historiques et politiques que d'un volontarisme juridique. Il a fallu attendre l'avènement du protectorat pour assister à l'adoption des premiers textes juridiques relatifs à la décentralisation territoriale au Maroc. Les principes directeurs de la décentralisation vont émerger et ils s'appliqueront pour la première fois au Maroc à la ville de Fès qui a été la première à être dotée par le protectorat français d'un régime municipal. Conformément au dahir du 2 septembre 1912, cette ville est devenue la première municipalité marocaine. Ce dahir dota la ville d'une structure spéciale appelée « Majliss Al Madina » (conseil de ville) ou « Al Majliss Al Baladi » composé de 15 membres avec voix délibérative dont 7 membres de droit et 8 élus par un collège de notables de la ville. Cette structure était placée sous la présidence et l'autorité d'un Pacha. En termes de compétences, le Majliss avait à établir un budget et à décider des travaux et projets à mettre en œuvre dans les domaines de voierie, de salubrité, d'éclairage et

[37] Mohamed BRAHIMI : « La décentralisation marocaine : évaluation d'une formation en plusieurs actes », *Revue marocaine d'administration locale et de développement*, n° 12, juillet-septembre 1995.

[38] Driss BASRI, *La décentralisation au Maroc : de la commune à la région*, Ed. Nathan, 1994.

[39] Terme amazigh signifiant « chef ».

d'hygiène publique. Par la suite, la vile sera dotée de deux conseils municipaux supplémentaires. Le Premier fut créé par un arrêté viziriel en 2017 qui instaura une cellule israélite élus pour les juifs du quartier Mellah. Le deuxième a été créé en 1919 au profit de la ville européenne ou la ville nouvelle qui a été doté d'une cellule municipale française désignée et dont les membres étaient désignés par l'administration du protectorat.

Le 1er avril 2013[40], un dahir fut adopté afin de doter d'autres villes marocaines de « Commissions municipales ». Ce dahir constitue ainsi le premier texte juridique d'envergure qui fait figure d'une réglementation générale contrairement au dahir du 2 septembre 1912 précité et qui s'apparentait plutôt à une sorte de statut spécial pour la ville de Fès. Ce dahir ne concernait au début que les villes portuaires, plus spécialement les villes de Rabat, de Casablanca et de Salé, avant d'être étendu au cours de la même année aux villes intérieures de Sefrou et de Meknès. La ville d'El Jadida (Mazagan) aura sa commission municipale en 1914. Ces commissions municipales étaient mixtes, composées à la fois « d'indigènes musulmans » et de français et elles avaient pour mission d'organiser « la sécurité et l'administration équitable de leurs habitants, afin de leur assurer progrès et prospérité ». Contrairement au régime électif instauré par le régime de la ville de Fès, les membres des commissions municipales des autres villes citées étaient plutôt désignés, ce qui constitue un recul.

Quatre ans plus tard, le dahir du 8 avril 1917 fut adopté et il est considéré comme la première charte municipale du Maroc[41]. A l'exception de Fès qui conserva son régime spécial, ce dahir fut appliqué aux villes dont les commissions étaient réglementées par le dahir de 1913 et étendu à d'autres villes comme Taza en 1917, Safi et Essaouira en 1918, Marrakech en 1919 et Oujda en 1920. Ce dahir conférait au Grand Vizir le pouvoir d'ériger une localité en

---

[40] Dahir du 27 juin 1913 relatif à l'organisation de commissions municipales dans les ports de l'Empire chérifien », B.O n° 37, 11 juillet 1913, p. 228-231.

[41] Mohamed BRAHIMI, *op.cit.*

municipalité et de déterminer leurs périmètres. Il détermine les conditions de désignation des membres des commissions municipales dont le rôle est toujours strictement consultatif.

Dans le milieu rural, le protectorat a conservé les communes rurales préexistantes et a reconnu la Jemaa par un dahir de 1916.

La ville de Casablanca sera elle aussi dotée d'un régime particulier mis en place par un dahir du 1er juin 1922. Sa commission municipale s'est vue reconnaître certains pouvoirs délibérants. Elle verra aussi la création du poste de vice-président de la commission et qui est élu par l'assemblée.[42]

Ce système restera inchangé jusqu'en 1953 avec l'adoption du dahir du 18 septembre 1953 relatif à l'organisation municipale[43]. Ce dahir constitue le premier texte d'ordre général s'appliquant à toutes les villes et se substituant à la fois su dahir de 1917 et aux régimes spéciaux applicables aux villes de Fès et de Casablanca. L'apport principal du nouveau dahir réside dans le nouveau statut reconnu aux commissions municipales. Autrefois désignés, les membres de ces commissions sont dorénavant élus pour six ans et la moitié est renouvelée tous les trois ans. C'est ce qui a été explicité par l'arrêté viziriel du 23 septembre 1953 relatif à l'élection des commissaires municipaux[44]. Ces commissions, toujours mixtes puisque composées de membres marocains et français, ont eu en outre un rôle délibérant. L'article 29 du dahir dispose qu'elles règlent par leurs délibérations les affaires des municipalités.

Un autre dahir fut aussi adopté le 18 septembre 1953 relatif aux « assemblées régionales »[45]. Il institue au chef-lieu de chaque région

---

[42] Dahir du 1er juin 1922 (4 chaoual 1340) relatif au statut municipal de la ville de Casablanca.

[43] Dahir du 18 septembre 1953 (8 moharrem 1373) relatif à l'organisation municipale, B.O n° 2135 du 25 septembre 1953.

[44] Arrêté viziriel du 23 septembre 1953 relatif à l'élection des commissaires municipaux, B.O n° 2135 du 25 septembre 1953.

[45] Dahir du 18 septembre 1953 relatif aux assemblées régionales, B.O n° 2135 du 25 septembre 1953.

une assemblée où siègent des représentants élus de la région. Ces assemblées devaient se réunir au moins deux fois par an et avaient essentiellement des attributions économiques et sociales que le dahir n'a pas détaillées.

Au lendemain de l'indépendance, le Maroc a reconduit le choix décentralisateur et le premier texte en la matière a été même adopté quelques années avant la première constitution du pays. Il s'agit en l'occurrence de la charte communale du 23 juin 1960.[46]

Ce texte fut suivi par le dahir du 12 septembre 1963 instituant une nouvelle catégorie de collectivités territoriales, à savoir les préfectures et provinces[47]. Par contre ; il a fallu attendre l'année 1992 pour voir le législateur instituer les régions comme troisième échelon territorial. Ce fut l'objet de l'article 94 de la constitution du 4 septembre 1992. Cette disposition a été mise en œuvre plus tard par le biais de la loi de 2 avril 1997.[48]

Entre temps, la charte communale a connu des modifications successives allant dans le sens de renforcement des attributions des conseils locaux et de l'allègement du contrôle de l'État. La date la plus importante est évidemment celle de 1976 qui a connu l'adoption de la charte du 30 septembre 1976 et qui pourrait être considérée comme un grand tournant dans l'histoire de la décentralisation territoriale au Maroc.

La constitution du 29 juillet 2011 va marquer un autre grand tournant dans le processus décentralisateur en disposant dès son article 1 que « l'organisation territoriale du royaume est décentralisée. Elle est fondée sur la régionalisation avancée ». Le

---

[46] Dahir n° 1-59-315 du 23 juin 1960 relatif à l'organisation communale, B.O n° 2487 du 24 juin 1960.

[47] Dahir n° 1-63-273 du 12 septembre 1963 relatif à l'organisation des préfectures, des provinces et de leurs assemblées, B.O n° 2655 du 13 septembre 1963.

[48] Dahir n° 1-97-84 du 23 kaada 1417 (2 avril 1997) portant promulgation de la loi n° 47-96 relative à l'organisation de la région, Bulletin Officiel n° : 4470 du 03 avril 1997.

nouvel esprit de la constitution en matière territoriale sera mis en œuvre par le biais de trois lois organiques :

- La loi organique 111-14 relative aux régions.
- La loi organique 112-14 relative aux préfectures et provinces.
- La loi organique 111-14 relative aux communes.

Ces trois lois constituent l'objet des développements suivants. Le nouveau dispositif juridique a substitué l'appellation de « collectivités territoriales » à celles de « collectivités locales ».

§2- Principes communs

De la lecture des trois lois organiques précitées, il est possible de dégager une matrice de principes communs à toutes les collectivités territoriales. Il s'agit des principes suivants :

- Le principe démocratique
- Le principe de libre administration
- Le contrôle de l'État

A- Le principe démocratique

Le principe démocratique constitue l'essence même de la décentralisation territoriale. Celle-ci est de plus en plus désignée sous l'appellation de « démocratie locale ». En tant que formule d'association des citoyens à la gestion de leurs intérêts locaux, la décentralisation est essentiellement marquée par le mécanisme électoral qui permet aux citoyens d'élire leurs représentants au sein des conseils locaux. Toutefois, ce mécanisme représentatif a été appuyé par des mécanismes participatifs. Le principe démocratique local est donc à la fois représentatif et direct.

1- La démocratie représentative

Les membres des conseils des collectivités territoriales sont tous élus. Depuis la première expérience communale de 1960, le Maroc a opté pour le principe démocratique dans la gestion des affaires locales. Aujourd'hui, cette élection est gérée par les dispositions de la loi organique 59-11 du 21 novembre 2011[49]. Celle-ci dispose que les membres des conseils des régions, les membres des conseils des préfectures et des provinces et les membres des conseils des communes et des arrondissements sont élus pour une durée de six ans.

L'élection des membres des conseils locaux doit être quand bien même nuancée aussi bien à deux niveaux : la nature du suffrage et le mode électoral.

En termes de nature du suffrage, il y a lieu de distinguer deux types de suffrage :

- Le suffrage universel direct pour l'élection des conseillers au niveau des communes et des régions.

- Le suffrage universel indirect pour l'élection des conseillers au niveau des préfectures et provinces.

L'article 78 de la loi organique 59-11 dispose que l'élection des membres des conseils régionaux a lieu au scrutin universel direct. Il en est de même des conseillers communaux selon l'article 126 de la même loi organique. En revanche, les membres des conseils des préfectures et provinces sont élus au suffrage indirect. L'article 102 apporte cette distinction en disposant que ces conseillers sont élus par un collège électoral composé des membres élus des conseils communaux se trouvant sur le territoire de la préfecture ou de la province. Le caractère démocratique des conseils des préfectures et provinces est donc moins consacré que celui des conseils des communes et des régions.

---

[49] Dahir n° 1-11-173 du 24 hijja 1432 (21 novembre 2011) portant promulgation de la loi organique n° 59-11 relative à l'élection des membres des conseils des collectivités territoriales, Bulletin officiel n° 6066 du 19 juillet 2012, complétée et modifiée par la loi organique n° 34-15 du 16 juillet 2015, B.O n° 6410 du 5 novembre 2015, et la loi organique n° 06-21 du 21 avril 2021, B.O n° 6987 du 17 mai 2021.

En termes de mode électoral, les membres des conseils locaux sont élus selon l'un des deux modes suivants :

- Le scrutin uninominal à la majorité relative à un tour.

- Le scrutin de liste à la représentation proportionnelle suivant la règle du plus fort reste sans panachage ni vote préférentiel.

Le tableau suivant récapitule les modes d'élection des membres des différents conseils locaux :

Conseils	**Régions**	**Préfectures et provinces**	**Communes**	**Arrondissements**
Mode d'élection	Scrutin de liste	Scrutin de liste	- Scrutin de liste pour les communes dont le nombre de population est supérieur à 50.000 habitants - Scrutin uninominal pour les communes dont le nombre de population est égal ou inférieur à 50.000[50]	Scrutin de liste

Il est clair que le scrutin de liste constitue la règle. Le législateur l'a quasiment généralisé afin de pousser les électeurs à voter pour

[50] Ce chiffre était de 35.000 uniquement. La loi organique 06-21 l'a porté à 50.000. (Loi organique n° 06-21 du 21 avril 2021, B.O n° 6987 du 17 mai 2021).

des programmes et non sur des personnes, ce qui pourrait contribuer à moraliser à la fois la vie politique et l'exercice électoral. Toutefois, le scrutin uninominal est toujours de mise dans les petites communes. Il est également utilisé à chaque fois qu'il s'agit d'élire un seul conseiller local notamment lors des élections partielles.

2- La démocratie participative

Selon les dispositions de la constitution de 2011 (article 139), les assemblées élues territoriales sont tenues de créer des instances et des mécanismes participatifs de dialogue et de concertation avec les citoyens et les associations afin de faciliter leur participation à la gestion directe des affaires publiques.

Ces mécanismes prennent pour le moment essentiellement trois formes :

- La mise en place d'instances consultatives.

- La participation au processus de préparation des programmes de développement.

- La présentation de pétitions aux conseils locaux.

❖ **Des instances consultatives**

Les trois lois organiques relatives à l'organisation des trois types de collectivités territoriales ont prévu l'installation auprès des conseils locaux d'instances consultatives en partenariat avec la société civile :

Conseils	Régions	Préfectures et provinces	Communes
Instance consultative	Comité d'équité, d'égalité des chances et de l'approche genre Instance consultative chargée de l'étude des questions relatives aux centres d'intérêt des jeunes Instance consultative, en partenariat avec les acteurs économiques de la région, chargée de l'étude des affaires régionales à caractère économique.	Comité d'équité, d'égalité des chances et de l'approche genre	Comité d'équité, d'égalité des chances et de l'approche genre

Comme leur appellation l'indique, les différentes instances précitées ont un caractère purement consultatif. Leur création est l'œuvre des conseils locaux concernés. Leurs modalités de fonctionnement sont fixées par le règlement intérieur de ces derniers.

❖ **Participation au processus de préparation des programmes de développement**

Il relève de la compétence des conseils des collectivités territoriales d'élaborer et d'exécuter des programmes pluriannuels de développement. Ces programmes portent les appellations suivantes :

Pour les régions	Pour les préfectures et provinces	Pour les communes
Le programme de développement régional	Le programme de développement de la préfecture ou de la province	Le plan d'action de la commune

Ces différents programmes et plans sont élaborés au cours de la première année du mandat des différents conseils. Ils portent sur une période de 6 ans et sont révisables à la fin des trois premières années. Le gouvernement a adopté des décrets pour mettre en évidence les procédures d'élaboration, de suivi et d'évaluation de ces différents programmes[51]. Ces différents décrets ont mis l'accent sur l'obligation d'adopter une approche participative permettant aux citoyens et aux organisations de la société civile de contribuer

[51] - Décret n° 2-16-301 du 29 juin 2016 fixant la procédure d'élaboration du plan d'action de la commune, de son suivi, de son actualisation, de son évaluation et des mécanismes de dialogue et de concertation pour son élaboration, B.O n° 6562 du 20 avril 2017.
- Décret n° 2-16-299 fixant la procédure d'élaboration du programme de développement de la région, de son suivi, de son actualisation, de son évaluation et des mécanismes de dialogue et de concertation pour son élaboration, B.O n° 6562 du 20 avril 2017.
- Décret n° 2-16-300 fixant la procédure d'élaboration du programme de développement de la préfecture ou de la province, de son suivi, de son actualisation, de son évaluation et des mécanismes de dialogue et de concertation pour son élaboration, B.O n° 6562 du 20 avril 2017.

au diagnostic des besoins et potentialités et la définition des priorités d'investissement.

❖ **Présentation de pétitions aux conseils des collectivités territoriales**

La pétition est un écrit par lequel les citoyennes, les citoyens et les associations peuvent demander aux conseils des communes, des préfectures et provinces et des régions de délibérer d'une question relevant de leurs compétences lors de la tenue de leurs sessions. Ce droit a été institué par le deuxième alinéa de l'article 139 de la constitution de 2011, puis détaillé dans les trois lois organiques relatives à l'organisation des collectivités territoriales.

Une pétition peut être déposée soit par un groupe de citoyens soit par une association. Le législateur a fixé les conditions relatives à chacune de ces deux possibilités. Dans le cas d'une pétition déposée par des citoyens, ceux-ci doivent satisfaire aux conditions suivantes :

- Être résidents de la collectivité territoriale concernée ou y exercer une activité économique ou professionnelle ;
- Satisfaire aux conditions d'inscription sur les listes électorales ;
- Avoir un intérêt commun dans la présentation de la pétition.

Seul le nombre des signataires diffère selon la catégorie de collectivités territoriales. Il est comme suit :

Région	Préfecture ou province	Commune
- Au moins 300 signataires pour les régions dont la population est inférieure à 1.000.000 d'habitants	- Le nombre de signataires doit être égal ou supérieur à 300 citoyennes et citoyens	- Le nombre de signataires ne peut être inférieur à 100 citoyennes et citoyens pour les communes dont le nombre d'habitants à 35.000.
- Au moins 400 signataires pour les régions dont la population est comprise entre 1.000.000 et 3.000.000 habitants		- Au moins 200 signataires pour le reste des communes.
- Au moins 500 pour les régions dont la population est supérieure à 3.000.000 d'habitants.		- Au moins 400 signataires pour les communes dotées du régime d'arrondissements.

Dans le cas de pétitions présentées par des associations, celles-ci doivent satisfaire aux conditions suivantes :

- L'association doit être constituées au Maroc conformément à la législation en vigueur et exerce ses activités depuis plus de trois ans ;
- Le fonctionnement de l'association doit être conforme aux principes démocratiques et aux dispositions de son statut (ce qui signifie essentiellement la tenue régulière d'assemblées générales, la

présentation de rapports moraux et financiers et l'élection du bureau) ;

- La situation de l'association doit être régulière ;
- L'association doit avoir son siège ou celui de l'une de ses antennes sur le territoire du conseil auquel la pétition est adressée ;
- L'activité de l'association doit être en lien avec l'objet de la pétition. Cette activité doit être consignée dans les statuts de ladite association.

La loi organique 112-14 relatives aux préfectures et provinces a ajouté une condition supplémentaire à celles déjà citées, à savoir que l'association doit avoir un nombre d'adhérents supérieur à 100 (article 115).

Une fois déposée, la pétition est soumise à un contrôle de recevabilité exercé par le bureau du conseil. Ce contrôle a pour objet de vérifier que la pétition satisfait aux conditions précitées et qu'elle porte bel et bien sur une des compétences de la collectivité territoriale. Dans le cas où elle est jugée recevable, la pétition est alors inscrite à l'ordre du jour du conseil de la session ordinaire suivante. Elle est ensuite soumise pour examen à la ou aux commissions permanentes compétentes avant de la soumettre à la délibération du conseil. Dans tous les cas le président du conseil informe le mandataire ou le représentant de l'association de la recevabilité de la pétition.

B- Le principe de libre administration

Le principe de libre administration est le corollaire logique de l'autonomie administrative et financière reconnue par le législateur marocain à toutes les collectivités territoriales. Il est constitutionnellement consacré puisque l'article 136 de la constitution de 2011 dispose que « L'organisation territoriale du Royaume repose sur les principes de libre administration, de coopération et de solidarité ». Toutefois, cette disposition ne donne aucune définition du principe d'où l'intérêt de recourir au deuxième alinéa de l'article 149 de la même constitution qui dispose que « les régions et les autres collectivités territoriales disposent, dans leurs domaines de compétence respectifs, d'un pouvoir réglementaire pour l'exercice de leurs attributions ». C'est à ce même interprétation que renvoie l'article 72 de la constitution française de 1958 selon lequel les collectivités territoriales « s'administrent librement par des conseils élus et disposent d'un pouvoir réglementaire pour l'exercice de leurs compétences ».

Les lois organiques relatives à l'organisation des collectivités territoriales ont reconduit sur le plan législatif ce principe constitutionnel.

1- Au niveau des communes

Dès son article 2, la loi organique 113-14 consacre la commune comme personne morale de droit public dotée de l'autonomie administrative et financière. De son côté, l'article 3 de la même loi organique fait du principe de libre administration la base de gestion des affaires de la commune. Le mérite de cette disposition est de clarifier davantage la portée de ce principe. Les communes ont ainsi le pouvoir de délibérer de manière démocratique et le pouvoir d'exécuter leurs délibérations et leurs décisions.

L'article 7 confirme ce statut autonome de la commune puisqu'il précise que les affaires de la commune sont gérées par un conseil dont les membres sont élus. Les dispositions de cet article doivent être complétées par celles de l'article 95 de ladite loi organique et qui a reconnu au président du conseil communal un pouvoir réglementaire pour qu'il puisse assurer l'exécution des délibérations du conseil communal. Il en est de même de l'article 94 qui confère au président de prendre « toutes les mesures nécessaires » pour l'exécution des décisions prises par le conseil communal.

Outre l'existence d'un conseil élu, la commune dispose d'un personnel et d'un budget propres. Le personnel communal est géré par un texte spécial, en l'occurrence le décret du 27 septembre 1977 portant statut particulier du personnel communal[52]. En matière budgétaire, les finances de la commune sont réglementées par les dispositions du titre V de la loi organique 113-14. Par ailleurs, les communes ont une fiscalité propre régie par les dispositions de la loi 47-06 relative à la fiscalité des collectivités territoriales[53].

2- Au niveau des préfectures et provinces

D'après l'article 1 de la loi organique 112-14, la préfecture ou la province est une personne morale de droit public, dotée de l'autonomie administrative et financière. L'article 3 annonce clairement que la gestion des préfectures et provinces de leurs affaires repose sur le principe de libre administration. En vertu de ce principe, elles sont habilitées à délibérer de manière démocratique et d'exécuter leurs délibérations et décisions. Dans le même sillage, l'article 8 reconnait au conseil préfectoral ou provincial élu le pouvoir de gérer les affaires de la préfecture ou province. Pour ce, l'article 95 habilite le président du conseil préfectoral ou provincial à prendre « toutes les mesures nécessaires » pour exécuter les délibérations du conseil élu.

Les préfectures et provinces ont un personnel propre dont la nomination relève de la compétence du président du conseil. En outre, elles bénéficient de l'autonomie financière. Leurs règles budgétaires sont fixées par les articles du titre V de la loi organique 112-14. Dans ce cadre, elles ont des recettes et des dépenses propres. Les règles d'assiette et les taux de leurs recettes propres sont réglementés par la loi 47-06 relative à la fiscalité des collectivités locales.

---

52 Décret n° 2-77-738 du 13 chaoual 1397 (27 septembre 1977) portant statut particulier du personnel communal, B.O n° 3387 du 28 septembre 1977.

53 Loi n° 47-06 promulguée par le dahir 1-07-195 du 30 novembre 2007 relative à la fiscalité des collectivités locales, B.O n° 5584 du 6 décembre 2007, modifiée par la loi 07-20 promulguée par le dahir 1-20-91 du 31 décembre 2020, B.O n° 7014 du 19 août 2021.

3- Au niveau des régions

L'article 3 de la loi organique 111-14 confirme le statut de la région comme collectivité territoriale de droit public, dotée de la personnalité morale, de l'autonomie administrative et de l'autonomie financière. Dans le même sillage, l'article 4 consacre le principe de libre administration de la région en disposant clairement que la gestion par la région de ses affaires repose sur le principe de libre administration, en vertu duquel chaque région dispose du pouvoir de délibérer de manière démocratique et du pouvoir d'exécuter ses délibérations et ses décisions.

Le titre VIII de ladite loi organique a été entièrement consacré aux règles de gouvernance relatives à l'application du principe de libre administration. Il s'agit des règles suivantes :

- L'égalité entre les citoyens dans l'accès aux services publics de la région ;

- La continuité de fonctionnement des services publics régionaux et la garantie de leur qualité ;

- La consécration des valeurs de démocratie, de transparence, de reddition des comptes et de responsabilité ;

- La consécration de la primauté de la loi ;

- Le renforcement de la participation et de l''intégrité.

C- Le contrôle de l'État

La libre administration reconnue aux collectivités territoriales n'est nullement synonyme d'une liberté totale d'action. Celles-ci sont soumises à un contrôle de l'État. Ce contrôle peut être justifié par différentes considérations :

- La constitution dès son préambule met l'accent sur les concepts d'unité nationale et d'intégrité territoriale. Dans ce cadre, la décentralisation territoriale ne se veut aucunement une division du territoire national, mais juste une forme d'organisation administrative territoriale. Ce n'est pas hasard que la législation en vigueur reconnaît aux collectivités territoriales un statut « d'autonomie » et non pas « d'indépendance ».

- L'État est à la fois garant et responsable de l'unité nationale, de l'intégrité territoriale et de l'intérêt général. Dans cette logique, il est en droit d'assurer le respect par les différents acteurs publics de ses politiques et stratégies.

- Les collectivités territoriales n'exercent leurs compétences que dans un cadre strictement déterminé par les lois en vigueur. Il est donc nécessaire de s'assurer qu'elles agissent en conformité avec ces lois.

Contrôle et autonomie ne sont donc pas antinomiques. Mais toute la question posée ici est de savoir comment exercer un contrôle étatique sans pour autant compromettre l'autonomie des entités décentralisées. C'est ce qu'on pourrait comprendre à travers l'étude des caractéristiques et des domaines du contrôle exercé.

1- Caractéristiques

Dès la première expérience communale de 1960, le contrôle de l'État sur les collectivités territoriales a constitué une constante de la vie locale et es rapports entre l'État et ces collectivités. Toutefois, et afin de préserver l'autonomie des conseils locaux élus, et afin aussi de rééquilibrer les rapports entre l'État et les collectivités territoriales, ce contrôle a connu plusieurs aménagements qui ont pris trois formes essentielles :

- L'assouplissement ;

- La déconcentration ;

- La juridictionnalisation.

a- Assouplissement du contrôle

Depuis la mise en place des premières entités décentralisées en 1960 jusqu'en 2015, le contrôle de l'État sur les collectivités territoriales portait l'appellation de « tutelle ». Ce terme a été souvent critiqué par la doctrine comme étant un concept qui renvoie à un la situation de mineur placé sous l'autorité d'une personne majeure. Il portait en lui-même la connotation d'un pouvoir de contrôle fort et élargi. A partit de 2015, suite à l'adoption des trois nouvelles lois organiques relatives aux collectivités territoriales, le mot contrôle s'est substitué à celui de tutelle. Ce changement est loin d'être un simple remaniement linguistique mais il témoigne plutôt du nouveau statut désormais reconnu aux entités décentralisées, devenues elles aussi collectivités « territoriales » au lieu de « locales ». Les mêmes lois ont comporté un renforcement des compétences de ces dernières et du statut de leurs exécutifs, et une reconnaissance de leurs contributions et de leurs responsabilités en matière de développement et de la mise en place de politiques publiques locales. Ces changements impliquaient impérativement une révision des rapports entre l'État et les collectivités territoriales dans le sens d'un assouplissement du contrôle exercé par le premier sur les secondes.

L'assouplissement a concerné aussi bien les domaines soumis au contrôle que les délais de l'exercice de ces derniers. Au niveau des domaines, le nombre des délibérations soumises à l'approbation expresse des autorités étatiques a baissé. En mettant en comparaison les dispositions de la loi 78-00 portant charte communale[54] et celles de sa successeur la loi organique 113-14, ce nombre est passé de 13[55] matières à seulement 7[56]. Il en est de même pour les conseils des préfectures et provinces où le nombre des décisions soumises à approbation expresse est passé de 11, selon la loi 79-00 relative à

[54] Loi n° 78-00 promulguée par le dahir n° 1-02-297 du 25 rejeb 1423 (3 octobre 2002) relative au pacte communal, loi n° 17-08 promulguée par le dahir n° 1-08-153 du 18 février 2009 - 22 safar 1430 ; B.O n° 5714 du 5 mars 2009.

[55] Article 69 de la loi 78-00.

[56] Article 118 de la loi organique 113-14.

l'organisation des préfectures et provinces[57], à seulement 6 selon les dispositions de la loi organique 112-13.[58] Sur le plan régional, le nombre des délibérations soumises à l'approbation expresse de la tutelle était de 9, selon les termes de l'article 41 de la loi du 2 avril 1997 relative à l'organisation de la région[59]. Avec la loi organique 111-14, il s'agit uniquement de 7 types de délibérations.

En termes de délai, il est à constater un raccourcissement des délais impartis aux autorités de contrôle pour accepter ou rejeter les délibérations qui leurs soumises pour contrôle. Au niveau des communes, ce délai était de 45 jours lorsque l'approbation relevait du ministre de l'Intérieur et de 30 jours lorsqu'elle était exercée par le gouverneur[60]. Il a été ramené à 20 jours seulement conformément aux dispositions de l'article 118 de la loi organique 113-14. Au niveau des préfectures et provinces, le délai d'approbation des décisions des assemblées a été ramené de 2 mois[61], à 45 jours dans la loi 79-00 et puis à 20 jours seulement.[62]

Au niveau de la région, l'article 43 de la loi du 2 avril 1997 accordait à l'autorité de tutelle un délai de 30 jours pour approuver ou désapprouver les délibérations des conseils régionaux. Ce délai a été revu à la baisse par l'article 115 de la loi organique 111-14 et il n'est désormais que de 20 jours.

b- Déconcentration du contrôle

La deuxième tendance d'évolution de l'exercice du contrôle de l'État sur les collectivités territoriales est la déconcentration de ce

---

[57] Loi n° 79-00 promulguée par le dahir n° 1-02-269 du 25 rejeb 1423 (3 octobre 2002) relatif à l'organisation des préfectures et des provinces, B.O n° 5058 du 21 novembre 2002.

[58] Article 109 de la loi organique 112-14.

[59] Dahir n° 1-97-84 du 23 kaada 1417 (2 avril 1997) portant promulgation de la loi n° 47-96 relative à l'organisation de la région, B.O n° : 4470 du 03/04/1997, p. 292.

[60] Article 73 de la loi 78-00.

[61] Article 64 du Dahir du 12 septembre 1963.

[62] Article 109 de la loi organique 112-14.

contrôle. En effet, on peut constater une délégation continue et progressive des pouvoirs de contrôle administratif des autorités centrales vers les autorités déconcentrées, en l'occurrence e gouverneur. C'est ce qu'on peut relever à travers la présentation du cas des communes et de celui des préfectures et provinces.

Au niveau communal, la loi 78-00 précité a été pionnière en matière de délégation du contrôle administratif sur les collectivités locales. Toutefois, cela ne concernait que le contrôle exercé sur les communes rurales. Les communes urbaines, elles, étaient restées sous le contrôle relevant du pouvoir du ministre de l'Intérieur (article 73). Toutefois, la loi organique 113- 14 a mis fin à cette distinction en remettant le pouvoir de contrôle sur toutes les communes au gouverneur (article 118).

Au niveau des préfectures et provinces, l'article 64 du dahir du 12 septembre 1963 comme l'article 60 de la loi 79-00 confiaient le pouvoir du contrôle sur les délibérations des assemblées préfectorales et provinciales au ministre de l'Intérieur. Depuis la publication de la loi organique 112-14, ce pouvoir a été transféré au gouverneur (article 109).

Le niveau régional constitue une exception dans ce cadre. L'article 43 de la loi du 2 avril 1997 faisait du ministre de l'Intérieur l'autorité chargée d'approuver les délibérations des conseils des régions. Cette situation n'a pas changé avec la loi organique 111-14 dont l'article 115 a confirmé la compétence du ministre de l'Intérieur en la matière. Néanmoins, en ce qui concerne le contrôle de la légalité des arrêtés du président et des délibérations du conseil régional, c'est le wali qui exerce cette compétence conformément aux dispositions de l'article 112 de la loi organique 111-14.

c- Juridictionnalisation du contrôle

La dernière tendance de l'exercice du contrôle de l'État sur les collectivités territoriales est la juridictionnalisation de ce dernier. En effet, les lois organiques relatives aux collectivités territoriales ont opéré un changement de nature dans ce cadre. Avant l'adoption de ces lois, le contrôle administratif, en matière de légalité des délibérations des conseils ou des arrêtés des présidents, était du ressort exclusif des autorités administratives, en l'occurrence le ministre de l'Intérieur ou le gouverneur. Désormais, ce contrôle de légalité a été transféré au juge administratif, en tant que juge de légalité des actes administratifs. Le rôle du gouverneur en tant qu'autorité administrative se limite à transférer le dossier objet de litige au tribunal administratif, seul habilité à statuer sur la légalité selon les modalités et les délais fixés par les dispositions des lois organiques.

Si on prend le cas de la commune, l'article 115 de la loi organique 113-14 pose le principe général de la compétence du juge administratif en disposant que le gouverneur exerce le contrôle administratif sur la légalité des délibérations du conseil communal et sur les arrêtés de son président. Toutefois, tout litige relatif à cette compétence est examiné par le tribunal administratif. L'article 63 est plus explicite encore puisqu'il reconnaît la compétence exclusive de la justice pour connaître de la révocation des membres du conseil, de la déclaration de nullité des délibérations et arrêtés.[63]

Sur la base de ce principe général, le juge administratif a hérité d'un vaste champ d'intervention en matière de contrôle sur les collectivités territoriales du point de vue de la légalité. Le tableau suivant récapitule les cas d'intervention de ce juge au niveau communal :

Article de la loi organique 113-14	Objet d'intervention du juge administratif
21	Statuer sur l'existence de l'état de cessation ou d'abstention de la part du président du conseil communal.

[63] La même formule est reprise par l'article 66 de la loi organique 111-14 relative à la région.

41	Statuer sur l'opposition du gouverneur sur toute question inscrite à l'ordre du jour du conseil et qui, d'après lui, ne relève pas des compétences de la commune.
51	Déclarer la déchéance d'un membre du conseil communal qui aurait changé son appartenance partisane au cours du mandat.
64	Révocation d'un membre du conseil communal auquel on reproche des actes contraires aux lois et règlements en vigueur.
68	Statuer sur la demande de révocation du bureau du conseil communal sur saisine du président après délibération du conseil communal.
70	Statuer sur la demande de révocation du président du conseil communal, formulée par les ¾ des membres en exercice et transféré au tribunal par le gouverneur.
72	Statuer sur la demande de dissolution du conseil communal sur saisine du gouverneur lorsque celui-ci estime que les intérêts de la commune sont menacés ou que le bon fonctionnement du conseil est altéré.
73	Statuer sur la demande de dissolution du conseil communal sur saisine du gouverneur lorsque : - le conseil refuse de remplir les missions qui lui sont dévolues ; - Le conseil refuse de délibérer et d'adopter la décision relative au budget ou à la gestion des services publics de la commune ; - Il y a un dysfonctionnement du conseil de la commune.

76	Constater l'état d'abstention du président afin de permettre au gouverneur de se substituer à ce dernier dans l'accomplissement de ses attributions.
115	Statuer sur les demandes de nullité des délibérations et des arrêtés ne faisant pas partie des attributions du conseil ou de son président.

2- Domaines du contrôle

Le contrôle de l'État sur les collectivités territoriales porte sur :

- Les personnes.
- Les organes.
- Les délibérations du conseil.
- Les arrêtés du président.

a- Sur les personnes :

Les membres des assemblées délibérantes locales sont soumis au contrôle de l'État. Leurs actes contraires aux lois et règlements en vigueur sont passibles de sanctions qui peuvent prendre quatre formes : La démission de plein droit, la déchéance la révocation et la substitution.

▪ La procédure de **démission d'office** est prévue par les trois lois organiques relatives aux collectivités territoriales[64]. Elle sanctionne deux situations : le cumul de mandats et l'absentéisme injustifié. La démission d'office pour cumul de mandats est prévue par les articles 17, 16 et 15 relevant respectivement des lois organiques 111-14, 112-14 et 113-14. Ces articles ont institué une incompatibilité entre :

---

64 - Article 70 de la loi organique 111-14.
- Article de la loi organique 112-14.
- Article 67 de la loi organique 113-14.

Les fonctions de président ou de vice-président du conseil communal et celles de président ou de vice-président du conseil d'une autre collectivité territoriale ou de président ou de vice-président d'une chambre professionnelle ;

Les fonctions de président ou de vice-président de conseil préfectoral, provincial ou régional avec celles de président ou de vice-président du conseil d'une autre collectivité territoriale ou de président ou de vice-président d'une chambre professionnelle ou de président ou de vice-président d'un conseil d'arrondissement.

Le cumul de ces fonctions entraîne la démission de plein droit de l'élu concerné de la première présidence ou vice-présidence. La démission d'office est constatée par arrêté pris par l'autorité administrative.

La démission d'office est prévue aussi à l'encontre des élus dont les absences répétitives ne sont pas justifiées. Elle est prévue par les articles 70, 68 et 67 respectivement inclus dans lois organiques 111-14, 112-14 et 113-14. En effet, la présence des membres aux réunions de leurs conseils est obligatoire. Le membre qui s'absente de façon non justifiée pendant trois sessions successives ou cinq sessions non successives peut être démis de ses fonctions de plein droit. La démission d'office dans ce cas est constatée par le conseil concerné.

- **La déchéance** est une autre mesure prévue par les trois lois organiques des collectivités territoriales (les articles 54, 52 et 51 respectivement des lois organiques 111-14, 112-14 et 113-14). Elle frappe tout membre élu au conseil d'une collectivité territoriale qui renonce, durant la durée du mandat, à l'appartenance au parti politique au nom duquel il s'est porté candidat. Il s'agit donc d'une mesure qui a pour objectif de moraliser la vie politique locale et d'assurer la stabilité des organes des conseils locaux.

- **La révocation** : C'est une mesure qui peut frapper les membres des assemblées délibérantes pour différentes raisons. La première est lorsqu'un conseiller ou le président commettent des actes contraires aux lois et règlements en vigueur et qui nuisent à l'éthique du service public et aux intérêts de la commune. Le gouverneur, dans le cas des assemblées préfectorales et provinciales et des assemblées communales, ou le ministre de l'intérieur dans le cas du conseil régional, peuvent saisir le tribunal administratif compétent pour demander la révocation du conseiller ou du président concernés.[65]

La même procédure est également appliquée en cas d'intéressement. Cette situation est prévue par les articles 68, 66 et 65 respectivement des lois organiques 111-14, 112-14 et 113-14. Selon ces différents articles, il est interdit à tout membre d'une assemblée délibérante d'avoir des intérêts privés avec son conseil ou avec tout groupement dont son conseil est membre que ce soit à titre personnel, ou comme actionnaire ou mandataire d'autrui, ou même au bénéfice de son conjoint, de ses ascendants ou descendants.

De plus, est susceptible d'être frappé de révocation également tout conseiller qui, en dehors du président et des vice-présidents, s'immisce dans la gestion des services de sa collectivité territoriale[66]. La décision de révocation est prononcée par le tribunal administratif.

Il en est de même des vice-présidents qui s'abstiennent, sans motif valable, de remplir l'une des fonctions qui leur sont dévolues ou qui leur sont déléguées.[67]

Les assemblées délibérantes sont également en droit de mettre fin aux fonctions de leurs présidents. Une nuance fondamentale doit être quand bien même soulevée entre le cas des régions et des préfectures et provinces d'un côté et des communes de l'autre côté. Dans le premier cas, les conseillers régionaux (article 73) ou les conseillers préfectoraux et provinciaux (article 71) peuvent à la

---

[65] Cette procédure est prévue et détaillée par l'article 67 de la loi organique 111-14, l'article 65 de la loi 112-14 et l'article 64 de la loi 113-14.

[66] Voir les articles : 69 de la loi organique 111-14, 67 de la loi organique 112-14 et 66 de la loi organique 113-14.

[67] Voir les articles : 71 de la loi organique 111-14, 69 de la loi organique 112-14 et 68 de la loi organique 113-14.

majorité des deux tiers (2/3) des membres du conseil en exercice, et à l'expiration de la troisième année du mandat du conseil, présenter une demande ayant pour objet de démettre le président de ses fonctions. Cette procédure ne peut être mise en vigueur qu'une seule fois tout le long du mandat du conseil. La demande de démission est alors obligatoirement inscrite à l'ordre du jour de la première session ordinaire de la quatrième année du mandat. Si la demande est approuvée par les trois quarts (3/4) des membres du conseil en exercice, le président sera considéré comme demis de ses fonctions.

Toutefois dans le cas des conseils communaux, le président ne peut être démis de ses fonctions que par une décision de révocation prononcée par le tribunal administratif (article 70). En effet, si le président refuse de présenter sa démission, le conseil peut lors de la même séance demander par une délibération, approuvée par les trois quarts (3/4) des membres en exercice, au gouverneur de la préfecture ou de la province de saisir le tribunal administratif compétent pour demander la révocation du président.

- **La substitution** Le pouvoir de substitution est le niveau supérieur du contrôle exercé sur les présidents des assemblées délibérantes[68]. Il a pour effet de permettre à l'autorité de contrôle de se substituer à ces derniers. En effet, lorsque le président s'abstient de prendre les actes qui lui sont impartis par la loi et que cette abstention nuit au fonctionnement normal des services de sa collectivité territoriale, le gouverneur, pour les conseils des préfectures ou des provinces et des conseils communaux, ou le ministre de l'intérieur, pour les conseils des régions, demandent au président d'exercer les fonctions qui lui sont dévolues. Si au bout d'un délai de sept jours, à compter de la date de mise en demeure, le président ne réagit pas, l'autorité administrative compétente peut saisir le juge administratif en sa qualité de juge des référés afin de constater l'existence d'un état d'abstention.

[68] Le pouvoir de substitution est réglementé par les articles 76 (loi organique 113-14), 77 (loi organique 112-14) et 79 (loi organique 111-14).

La décision du juge doit être prise dans un délai de 48 heures à compter de l'introduction de la demande de saisine. La décision est définitive. Lorsque celle-ci constate ledit état d'abstention, le wali, dans le cas des régions, et le gouverneur, dans le cas des autres collectivités territoriales, peuvent se substituer au président dans l'exercice des actes que ce dernier s'est abstenu d'exercer.

Avant l'entrée en vigueur des lois organiques de 2015, la procédure de substitution était un privilège purement administratif que l'administration exerçait sans avoir à obtenir l'aval de la justice. L'article 77 de la loi 78-00 portant charte communale autorisait le représentant de l'autorité locale de se substituer au président du conseil communal, à chaque fois que celui-ci refuse ou s'abstient d'accomplir les missions qui lui sont dévolues par la législation en vigueur, lorsqu'un tel comportement est jugé avoir ou susceptible d'avoir des effets nuisibles à l'intérêt général ou aux droits des particuliers. Le représentant de l'autorité locale pouvait alors se substituer d'office au président par un arrêté motivé qui explicite l'objet précis de la substitution[69]. Cette disposition figurait également dans la loi du 2 avril 1997 relative à la région (article 57). La réforme de 2015 a donc eu le mérite de soumettre la mise en œuvre du pouvoir de substitution à l'appréciation préalable du juge administratif.

b- Sur les organes

Les assemblées délibérantes sont soumises en tant qu'organes à la procédure de dissolution et de suspension.

- La mesure de **dissolution** est prévue dans deux cas. Le premier est lorsque les intérêts de la collectivité territoriale sont menacés pour des raisons touchant au bon fonctionnement du

---

[69] « Lorsque le président du conseil communal refuse ou s'abstient de prendre les actes qui lui sont légalement impartis, et que ce refus ou cette abstention a pour effet de se soustraire à une disposition législative ou réglementaire, de nuire à l'intérêt général ou de porter atteinte à des droits des particuliers, l'autorité administrative locale compétente peut, après l'en avoir requis, y procéder d'office par arrêté motivé, fixant l'objet précis de cette substitution ».

conseil. Le gouverneur, pour les préfectures et provinces et pour les communes, ou le ministre de l'intérieur, pour les régions, peuvent saisir le tribunal administratif pour demander la dissolution du conseil[70].

Le deuxième cas est lorsque le conseil refuse de remplir les missions qui lui sont dévolues par les lois et règlements en vigueur en matière administrative et budgétaire, mettant ainsi en péril son fonctionnement normal. Dans ce cas, le président adresse une demande à l'autorité administrative compétente (le ministre de l'intérieur à travers le wali de la région, pour les régions, et le gouverneur, pour les autres collectivités) afin qu'elle mette en demeure le conseil récalcitrant. Si celui continue de refuser de collaborer à l'expiration d'un délai d'un mois suivant sa mise en demeure, l'autorité administrative saisit le juge administratif afin de procéder à la dissolution dudit conseil[71]. Dans le cas des villes soumises au régime des arrondissements, ceux-ci sont aussi dissous de plein droit jusqu'au renouvellement du conseil de la commune.[72]

- Les assemblées délibérantes peuvent également être suspendues de leurs fonctions. Toutefois, les lois organiques ne précisent ni les raisons d'une telle décision, ni sa durée ni les autorités compétentes pour la prendre. A cet égard il est possible de revenir aux dispositions des législations précédentes pour élucider de tels points. En effet, l'article 25 de la loi 78-00 disposait que « lorsque, pour des raisons portant atteinte au bon fonctionnement du conseil communal, les intérêts de la collectivité sont menacés, le conseil peut être dissous par décret motivé ». Ledit décret doit être publié au Bulletin officiel. Mais s'il y a urgence, le conseil pouvait être suspendu par simple arrêté motivé du ministre de l'intérieur publié au Bulletin officiel. Dans tous les cas, la durée de la suspension ne peut excéder trois mois. Les mêmes dispositions

[70] Ce cas est réglementé par les dispositions des articles 75, 73 et 72 respectivement des lois organiques 111-14, 112-14 et 113-14.

[71] Ce cas est réglementé par les dispositions des articles 76, 74 et 73 respectivement des lois organiques 111-14, 112-14 et 113-14.

[72] Article 28 de la loi organique 113-14.

étaient prévues par l'article 19 de la loi du 2 avril 1997 relative à la région.

Les trois lois organiques relatives aux collectivités territoriales précisent toutefois qu'en cas de dissolution ou de suspension d'une assemblée délibérante, une délégation spéciale doit être nommée par arrêté de l'autorité gouvernementale chargée de l'intérieur, dans un délai maximum de quinze jours qui suivent la dissolution ou la suspension afin d'assure la gestion des affaires courantes de la collectivité. Cette délégation est composée de cinq membres dont le directeur général des services de la collectivité concernée. Le wali, pour les régions, et le gouverneur, pour les autres collectivités territoriales, président la délégation spéciale et exercent les attributions dévolues au président. Ils peuvent le cas échéant déléguer par arrêté certaines de leurs attributions à un ou plusieurs membres de la délégation.

Les attributions de la délégation spéciale sont limitées à l'expédition des affaires courantes. Il n'est pas question d'engager les finances de la collectivité concernée au-delà des ressources financières prévues au titre l'exercice budgétaire en cours. La délégation spéciale cesse ses fonctions de plein droit, selon le cas, à l'expiration de la durée de suspension du conseil ou à sa réélection.

c- Sur les délibérations des assemblées

Les collectivités territoriales gèrent par leurs délibérations les affaires de leurs territoires. Toutefois, ces délibérations sont soumises à un contrôle de légalité et un contrôle d'opportunité.

- **Un contrôle de légalité**

Ce contrôle a pour objet de vérifier la conformité des délibérations des conseils locaux aux lois et règlements en vigueur. Il est exercé a posteriori par les tribunaux administratifs sur saisine des autorités administratives compétentes. Il est prévu par les articles 115 et 117 de la loi organique 113-14, les articles 106 et 108 de la loi organique 112-14 et les articles 112 et 114 de la loi organique 111-14.

Si on prend la commune comme exemple, l'article 115 de la loi organique 113-14 habilite le gouverneur de la préfecture ou de la province à exercer le contrôle administratif sur la légalité des délibérations du conseil communal. L'article 117 explicite la procédure de ce contrôle. En effet, le gouverneur a le droit de s'opposer aux délibérations qu'il estime étrangères aux attributions de la commune ou qui constituent une violation de la législation en vigueur. Son opposition doit toutefois être motivée. Elle est notifiée au président du conseil de la commune dans un délai maximum de trois jours ouvrables à compter de la date de la réception de la délibération objet d'opposition. Dans ce cas, le conseil doit procéder à un nouvel examen de la délibération en question. A défaut d'opposition expresse dans le délai mentionné, les délibérations du conseil deviennent valables et exécutoires.

Si le conseil maintient la délibération objet d'opposition après la deuxième lecture, le gouverneur de la préfecture ou de la province saisit le juge des référés du tribunal administratif. Celui-ci statue dans un délai de 48 heures sur la demande de suspension d'exécution de la décision objet de litige. Cette saisine entraîne la suspension de l'exécution de ladite délibération. Par la suite, dans un délai maximum de trente jours à compter de la date de sa saisine, le juge administratif statue sur la demande de nullité.

Un contrôle d'opportunité

Le contrôle d'opportunité est un contrôle qui met en cause le principe d'autonomie locale dans la mesure où il porte sur le bien fondé de la décision et ses contours et limites ne sont pas explicités par les textes juridiques en vigueur. Il relève beaucoup plus d'une appréciation portée par les autorités administratives sur les décisions des assemblées délibérantes à l'aune des principes de l'intérêt général, de bonne gouvernance, de disponibilité de crédits budgétaires et de conformité aux orientations des politiques publiques nationales. Ce contrôle s'exerce a priori ce qui permet aux autorités de contrôle de bloquer dès leur adoption les délibérations ne respectant pas les principes sus mentionnés.

Ce contrôle est prévu par l'article 118 de la loi organique 113-14, l'article 109 de la loi 112-14 et l'article 115 de la loi 111-14. Dans ces différents articles, le législateur a établi une liste de délibérations qui ne sont exécutoires qu'après visa du ministre de l'intérieur, pour les régions, ou du gouverneur, pour les communes et les préfectures et provinces. L'approbation de la délibération en question doit intervenir dans un délai de 20 jours à compter de la réception de ladite délibération par l'autorité de contrôle compétente. Si aucune décision n'est prise à l'expiration du délai sus-indiqué, le visa est réputé accordé.

A titre d'exemple, voici la liste des délibérations des **conseils régionaux** soumises à la procédure d'approbation préalable :

- La délibération relative au programme de développement régional ;

- La délibération relative au schéma régional d'aménagement du territoire ;

- La délibération relative à l'organisation de l'administration de la région et fixant ses attributions ;

- Les délibérations relatives à la gestion déléguée des services et des ouvrages publics régionaux ;

- Les délibérations relatives à la création des sociétés de développement régional ;

- Les délibérations ayant une incidence financière sur les dépenses et les recettes et notamment, la fixation des tarifs des taxes, des redevances et droits divers et la cession des biens de la région et leur affectation ;

- La délibération relative aux conventions de coopération décentralisée et de jumelage que la région conclut avec les collectivités locales étrangères et avec des acteurs en dehors du Royaume.

En ce qui concerne les **préfectures et provinces**, les délibérations soumises à l'approbation préalable par visa des autorités de contrôle sont les suivantes :

- La délibération relative au programme de développement de la préfecture ou de la province ;

- La délibération relative au budget ;

- La délibération relative à l'organisation de l'administration de la préfecture ou de la province et fixant ses attributions ;

- Les délibérations ayant une incidence financière sur les dépenses et les recettes, notamment les emprunts, les garanties, la fixation des tarifs des taxes, des redevances et droits divers et la cession des biens de la préfecture ou province et leur affectation ;

- La délibération relative aux conventions de coopération décentralisée et de jumelage que la préfecture ou la province conclut avec les collectivités locales étrangères.

A cette liste s'ajoute les délibérations relatives à la gestion déléguée des services et des ouvrages publics relevant de la préfecture ou de la province et à la création des sociétés de développent sont soumises au visa des autorités administratives centrales.

Au niveau des **communes**, le nombre des délibérations soumises à approbation préalable diffère selon qu'il s'agit d'une commune normale ou d'une commune qui a le statut de Mechouar. Dans le premier cas, la liste des délibérations est comme suit :

- La délibération relative au plan d'action de la commune ;

- La délibération relative au budget ;

- La délibération relative à l'organisation de l'administration de la commune et fixant ses attributions ;

- Les délibérations ayant une incidence financière sur les dépenses et les recettes, notamment les emprunts, les garanties, la fixation des tarifs des taxes, des redevances et droits divers et la cession des biens de la commune et leur affectation ;

- La délibération relative à la dénomination des places et voies publiques lorsque cette dénomination constitue un hommage public ou un rappel d'un événement historique ;

- La délibération relative aux conventions de coopération décentralisée et au jumelage que la commune conclut avec les collectivités locales étrangères ;

- Les délibérations relatives à la création et aux modes de gestion des services publics communaux.

Toutefois, les délibérations relatives à la gestion déléguée des services et des ouvrages publics communaux et à la création des sociétés de développent local sont soumises au visa de l'autorité gouvernementale centrale chargée de l'intérieur.

Dans le cas des communes méchouars, qui sont les communes sièges des palais royaux, l'approbation préalable est une exigence généralisée à l'ensemble des délibérations. Elle relève en plus de la compétence du ministre de l'intérieur. C'est ce qui ressort de l'article 114 de la loi organique 113-14 qui dispose : « Les délibérations des communes des méchouars, quel que soit leur objet, ne sont exécutoires qu'après approbation du ministre de l'intérieur ou de la personne déléguée par lui à cet effet ».

d- Sur les arrêtés du président

En leur qualité d'autorité exécutive de leurs assemblées, les présidents des conseils élus sont habilités à prendre des arrêtés soit pour assurer l'exécution des délibérations des assemblées soit pour exercer les compétences qui leur sont dévolues par la législation en vigueur. Ces arrêtés sont soumis à un contrôle de légalité au même titre et selon la même procédure applicable au contrôle de légalité des délibérations des conseils locaux.[73]

En outre, en leur qualité de supérieur hiérarchique de leurs personnels, les présidents sont habilités à nommer par arrêtés à toutes les fonctions au sein de l'administration de leurs collectivités territoriales. Ces arrêtés sont évidemment soumis au contrôle de légalité déjà signalé. Toutefois, et au-delà de ce contrôle, les arrêtés de nomination aux fonctions supérieures sont soumis au visa du ministre de l'intérieur.[74]

Dans le cadre du renforcement du statut des présidents des assemblées élues, le législateur a supprimé la soumission des arrêtés des présidents, à l'exception de ceux relatifs à la nomination aux fonctions supérieures, à la procédure d'approbation préalable. Celle-ci était prévue par les dispositions de l'article 51 de la loi 78-00 portant charte communale et qui soumettait certains arrêtés du président du conseil communal au visa du ministre de l'intérieur ou de son délégué.

§4- Le statut de l'élu

Les dispositions relatives au statut de l'élu ont été introduites pour la première fois en 2002 dans le cadre des lois 78-00 portant charte communale et 79-00 relative à l'organisation des préfectures et provinces. Par la suite, les trois lois organiques de 2015 ont adopté chacune dans des termes similaires un statut de l'élu.

L'essence d'un statut de l'élu est de :

- Déterminer les droits et les obligations des élus ;

- Prévoir les conditions nécessaires aux élus pour qu'ils puissent assumer leurs fonctions ;

- Promouvoir la moralisation de la fonction élective locale.

---

[73] Voir supra.

[74] Voir les articles 127 (loi organique 113-14), 118 (loi organique 112-14) et 124 (loi organique 111-14).

Les dispositions relatives aux obligations imposées aux élus locaux étant déjà présentées, nous mettons l'accent sur les droits et les facilités accordées à ceux-ci dans l'exercice de leurs fonctions électives à savoir :

Les indemnités ;

La formation continue ;

La protection ;

Les facilités accordées aux fonctionnaires et salariés.

- **Les indemnités**

Le principe de la fonction élective territoriale est le bénévolat. Seuls les présidents, les vice-présidents, les secrétaires des conseils et leurs adjoints et les présidents des commissions permanentes et leurs vice-présidents bénéficient d'indemnités de représentation et de déplacement. Par contre, les autres membres n'ont droit qu'à des indemnités de déplacement. Ces diverses indemnités sont déterminées par décret.[75]

- **La formation continue**

Afin de les aider dans l'accomplissement de leurs missions électorales, les membres des conseils des collectivités territoriales

---

[75] Décret n° 2-16-493 du 6 octobre 2016 fixant les conditions d'octroi des indemnités et leurs montants aux présidents des conseils communaux et arrondissements et ses vice-présidents, aux secrétaires des conseils et leurs adjoints et aux présidents des commissions permanentes et leurs vice-présidents, B.O n° 6562 du 20 avril 2017.

Décret n° 2-16-494 du 6 octobre 2016 fixant les conditions d'octroi des indemnités et leurs montants au président du conseil de la préfecture ou de la province et ses vice-présidents, aux secrétaires des conseils et leurs adjoints et aux présidents des commissions permanentes et leurs vice-présidents, B.O n° 6562 du 20 avril 2017.

Décret n° 2-16-495 du 4 moharrem 1438 (6 octobre 2016) fixant les conditions d'octroi des indemnités et leurs montants au président du Conseil de la région et ses vice-présidents, au secrétaire du conseil et son adjoint et aux présidents des commissions permanentes et leurs vice-présidents ainsi qu'aux présidents de groupes, B.O n° 6562 du 20 avril 2017.

ont droit à des programmes de formation continue en relation avec les compétences reconnues aux différents conseils élus.[76]

- **La protection**

Les collectivités territoriales ont la responsabilité de protéger leurs membres contre les dommages éventuellement subis lors des réunions et des différentes missions. Pour ce, chaque collectivité territoriale doit souscrire à un régime d'assurance.[77]

- **Les facilités accordées aux fonctionnaires et salariés.**

Les fonctionnaires et salariés élus pour siéger au sein des assemblées délibérantes locales ont droit à un traitement de faveur afin de leur permettre d'assurer leurs fonctions représentatives. Ainsi, les fonctionnaires et les agents de l'État, des collectivités territoriales et des établissements publics ont droit à des permissions d'absence afin de faciliter leur participation aux sessions du conseil et aux réunions des commissions dont ils font partie. Ils peuvent également être autorisés à s'absenter pour assister aux réunions des instances ou des établissements publics ou privés où ils ont le mandat de représenter le conseil. Il en est de même lorsqu'il s'agit de participer à des programmes de formation continue des élus locaux. Les autorisations ainsi accordées n'ont aucun impact ne sur le traitement ni sur le calcul des congés réguliers.[78]

Lorsque les membres élus sont des salariés, ils ont le droit de bénéficier de permissions d'absence afin qu'ils puissent assister aux sessions de leurs conseils et aux réunions des commissions dont i1s font partie. Il en est de même des réunions des instances ou établissements publics ou privés auprès desquels ils ont mandat de représenter leurs conseils. Ils ont aussi droit aux mêmes

[76] L'article 53 de la loi organique 113-14, l'article 54 de la loi organique 112-14 et l'article 56 de la loi organique 111-14.

[77] L'article 54 de la loi organique 113-14, l'article 55 de la loi organique 112-14, et l'article 57 de la loi organique 111-14.

[78] L'article 55 de la loi organique 113-14, l'article 56 de la loi organique 112-14, et l'article 58 de la loi organique 111-14.

autorisations pour profiter aux programmes de formation continue des élus locaux. Ce temps d'absence n'est pas considéré comme un temps de travail et ne peut donc être payé mais il peut être récupéré.[79]

Lorsque le membre élu occupe le poste de président du conseil, il bénéficie, de plein droit, et à sa demande, de la position de détachement ou de la mise à disposition auprès de la collectivité territoriale qu'il préside.[80]

SECTION 2 : L'ORGANISATION COMMUNALE

§1- Composition du conseil communal

A- Nombre des conseillers communaux

Le nombre de conseillers communaux à élire par les citoyens est fixé par la loi organique 59-11 relative à l'élection des membres des conseils des collectivités territoriales[81]. Ce nombre dépend du nombre de la population de la commune sur la base du dernier recensement général :[82]

Nombre d'habitants	Nombre de conseillers communaux
Inférieur ou égal à 7500	11
Entre 7501 et 12.500	13
Entre 12.501 et 15.000	15
Entre 15.001 et 25.000	23

---

[79] L'article 56 de la loi organique 113-14, l'article 57 de la loi organique 112-14, et l'article 59 de la loi organique 111-14.

[80] L'article 57 de la loi organique 113-14, l'article 59 de la loi organique 112-14, et l'article 60 de la loi organique 111-14.

[81] La loi organique n° 59-11 relative à l'élection des membres des conseils des collectivités territoriales, modifiée et complétée par la loi organique n° 34-15 du 16 juillet 2015 et la loi organique n° 06-21 du 21 avril 2021.

[82] Article 127 de la loi organique 59-11.

Entre 25.001 et 50.000	25
Entre 50.001 et 100.000	31
Entre100.001 et 150.000	35
Entre 150.001 et 200.000	39
Entre 200.001 et 250.000	43
Entre 250.001 et 300.000	47
Entre 300.001 et 350.000	51
Entre 350.001 et 400.000	55
Supérieur à 400.000	61

Le nombre de sièges de chaque conseil communal est déterminé par décret sur la base du tableau ci-dessus et sur proposition du ministre de l'intérieur.

Une exception aux nombres de sièges indiqués est toutefois introduite par la loi organique 113-14 concernant les communes méchouars dont le nombre des conseillers élus est limité à 9 quel que soit le nombre de leur population.[83]

En ce qui concerne les communes soumises au régime des arrondissements, le nombre des conseillers est de 81 membres pour celles d'entre elles dont la population ne dépasse pas 750.000 habitants. A ce nombre s'ajoutent dix conseillers supplémentaires pour toute tranche supplémentaire de 250.000 habitants, à condition de ne pas dépasser un nombre total de 131 membres au plus.[84]

Les conseillers communaux sont élus pour un mandat de six ans. Ils sont rééligibles.

---

[83] Article 113.

[84] Article 128 de la loi organique 59-11.

B- Election du président du conseil communal

Dans les 15 jours qui suivent l'élection du conseil communal, le gouverneur ou son représentant convoque les conseillers pour une séance consacrée à la composition des organes du conseil dont en premier lieu la présidence. L'élection du président obéit à une procédure minutieuse aussi bien au niveau de la candidature qu'au niveau de l'élection elle-même.

- **La candidature**

Les règles de candidature au poste du président du conseil communal diffèrent selon qu'il s'agit d'un conseil dont les membres sont élus au scrutin uninominal ou d'un conseil dont les membres sont élus au scrutin de liste.

Dans le premier cas, la candidature est ouverte devant tous les conseillers. La seule restriction à cet égard est prévue par l'article 11 de la loi organique 113-14 qui exige des candidats appartenant aux partis politiques, ils doivent produire une lettre d'accréditation du parti politique au nom duquel ils se sont portés candidats. Cette condition ne s'applique pas aux conseillers sans appartenance politique.

Dans le cas des communes dont les membres sont élus au scrutin de liste, deux restrictions sont à citer :

D'abord seuls les conseillers têtes de listes des partis classés dans les cinq premières positions au regard du nombre total des sièges obtenus aux élections communales peuvent se porter candidats à la présidence. Une tête de liste parmi les listes des candidats indépendants peut se porter candidat, si le nombre de sièges obtenus par sa liste est supérieur ou égal au nombre de sièges obtenus par le parti classé dans la cinquième position.

Ensuite, ces têtes de listes doivent produire une lettre d'accréditation de leurs partis politiques respectifs. Les candidats indépendants sont dispensés de cette condition.

- **L'élection**

Le président du conseil est élu suivant un processus pouvant comporter, du moins théoriquement, plusieurs tours. Dans un premier tour du scrutin, le président est élu à la majorité absolue des membres en exercice. Si aucun candidat n'obtient cette majorité, il est procédé à un deuxième tour, lors de la même séance, entre les candidats classés, selon le nombre de voix obtenues, en premier et deuxième rangs. Encore une fois la majorité absolue des membres en exercice est requise.

Si aucun candidat n'obtient ce seuil indispensable, un troisième tour d'élection est alors tenu où seule la majorité relative des membres présents est requise.

En cas de partage égal des suffrages lors du troisième tour, le candidat le plus jeune est déclaré élu. En cas d'égalité d'âge, le candidat vainqueur est désigné par tirage au sort, sous la supervision du président de la séance.

Il est clair que la mise en place d'une telle procédure pour l'élection du président du conseil communal a pour objectif de renforcer la position de celui-ci et de lui assurer une majorité forte et en principe stable lui permettant de mener à bien les missions qui lui sont dévolues.

C- Election des membres du bureau

Juste après l'élection du président, et sous la présidence de celui-ci, le conseil communal procède à l'élection des vice-présidents dont le nombre est fixé par l'article 16 de la loi organique 113-14 en tenant compte du nombre des membres du conseil lui-même comme suit :

Nombre des membres du conseil	Nombre de vice-présidents à élire
Inférieur ou égal à 13	3
Egal à 15	4

Egal à 23	5
Supérieur ou égal à 25 et inférieur à 35	6
Supérieur ou égal à 35 et inférieur à 43	7
Supérieur ou égal à 43 et inférieur à 51	8
Supérieur ou égal à 51 et inférieur à 61	9
Egal ou supérieur à 61	10

Les vice-présidents sont élus au scrutin de liste. Le président présente sa propre liste. Les autres membres du conseil peuvent présenter d'autres listes. Chaque liste doit se composer d'un nombre de candidats égal au nombre de vice-présidents à élire, en explicitant leur classement. Aucun membre du conseil n'a le droit de se présenter comme candidat dans plus d'une liste.

Au premier tour du scrutin, les vice-présidents sont élus à la majorité absolue des membres en exercice. Si aucune liste n'obtient cette majorité, un deuxième tour est effectué entre les deux listes ou les listes classées aux premier et deuxième rangs. Encore une fois, la majorité requise est celle de la majorité absolue des membres en exercice. Si aucune liste n'obtient ce seuil, il est procédé à un troisième tour où l'élection a lieu à la majorité relative des membres présents.

En cas de partage égal des suffrages au cours de ce troisième tour de l'élection des vice-présidents, la liste présentée par le président est prépondérante et donc déclarée gagnante.

Le président et les vice-présidents constituent le bureau du conseil.

Une fois les vice-présidents installés, le conseil de la commune élit parmi ses membres un secrétaire chargé de la rédaction et de la conservation des procès-verbaux des séances. Les fonctions du secrétaire sont incompatibles avec celles des membres du bureau.

L'élection du secrétaire du conseil a lieu à la majorité relative des membres présents, pendant la séance réservée à l'élection des vice-présidents. En cas de partage égal des suffrages, le candidat le plus jeune est déclaré élu. En cas d'égalité d'âge, le candidat vainqueur est désigné par tirage au sort, sous la supervision du président du conseil.

Au cours de la même séance, le conseil de la commune élit également, dans les mêmes conditions et selon les mêmes modalités précitées, un secrétaire adjoint chargé d'assister le secrétaire et de le remplacer en cas d'absence ou d'empêchement.

D- Constitution des commissions permanentes

Le conseil communal constitue obligatoirement deux commissions permanentes chargées respectivement d'examiner :

- Le budget, les affaires financières et la programmation ;
- Les services publics et les prestations.

Toutefois le conseil peut créer des commissions permanentes supplémentaires dans la limite de trois. Plusieurs communes, notamment les plus grandes d'entre elles, ont mis en place cinq commissions permanentes :

✓ Commission du budget, des finances et de la programmation ;

✓ Commission de l'Urbanisme, de l'aménagement du territoire et la préservation de l'environnement et des biens ;

✓ Comité des utilités et services publics :

✓ Commission des Affaires sociales, culturelles et sportives et des relations avec la société civile ;

✓ Commission de la coopération et du partenariat.

La commune règle par son règlement intérieur les questions relatives au nombre et à l'objet des commissions permanentes. Chacune de ces dernières doit comporter un nombre de membre égal ou supérieur à cinq, sachant qu'aucun membre ne peut faire partie de plus d'une commission permanente.

En outre, le conseil communal peut constituer des commissions provisoires ou thématiques afin d'examiner des questions déterminées. Les travaux de ces commissions prennent dès le dépôt de leur rapport auprès du président du conseil.

§2- Le fonctionnement

1- Nombre et durée des sessions

Le conseil communal tient trois sessions ordinaires annuelles au cours de la première semaine des mois de février, mai et octobre[85]. Chaque session est composée d'une ou de plusieurs séances dont la durée et l'heure de tenue sont fixées par le règlement intérieur. La durée d'une session ne peut toutefois dépasser 15 jours consécutifs. Elle peut néanmoins être prorogée par arrêté du président du conseil une seule fois et dans la limite de 7 jours consécutifs.[86]

Le président informe les membres du conseil de la date, de l'heure et du lieu de la tenue de la session par un avis écrit qui leur est transmis dix jours au moins avant la date de la tenue de la session. La convocation doit être accompagnée de l'ordre du jour, du calendrier de la ou des séances de la session et des questions soumises à la délibération du conseil durant chaque séance, ainsi que des documents y afférents.

Le conseil communal peut également tenir des sessions extraordinaires si des circonstances exceptionnelles l'exigent. La décision est alors prise par le président, soit à son initiative soit à la demande d'au moins le tiers des membres du conseil en exercice. Cette demande doit être accompagnée des questions à soumettre au conseil pour délibération. Si le président refuse une telle demande,

---

[85] Avant la loi organique 113-14, le conseil communal se réunissait quatre fois par an au cours des mois février, avril, juillet et octobre (article 58, alinéa 1, loi 78-00).

[86] Dans la loi 78-00 portant charte communale, la décision de prorogation était du ressort du wali sur demande du président du conseil (article 58, alinéa 1).

il doit motiver son refus et notifier sa décision aux intéressés dans un délai maximum de 10 jours à compter de la date de la réception de ladite demande. Toutefois, lorsque la demande a été formulée par au moins la majorité absolue des membres du conseil, une session extraordinaire doit être tenue de plein droit dans un délai de quinze jours à compter de la date de la demande.

Le gouverneur de la préfecture ou de la province ou son représentant assiste aux séances du conseil communal. II ne peut toutefois prendre part au vote mais il est en droit présenter les observations et précisions qu'il estime en relation avec l'objet des délibérations.

2- Ordre du jour

L'ordre du jour des sessions est arrêté par le président du conseil communal en concertation avec les autres membres du bureau. Certains points y sont obligatoirement inscrits, à savoir :

- Les pétitions présentées par les citoyennes et les citoyens ou les associations et qui ont été déclarées recevables ;

- Les questions supplémentaires proposées par le gouverneur de la préfecture ou de la province ou son intérimaire, notamment celles qui pourraient selon lui revêtir un caractère urgent, à condition d'en aviser le président dans un délai de huit jours à compter de la date de réception de l'ordre du jour par le gouverneur.

Les membres du conseil en exercice peuvent également demander par écrit au président l'inscription d'un point sur l'ordre du jour de la session. Cette demande peut être formulée soit par un membre soit par un le groupe auquel il appartient. En cas de refus, le président est tenu de motiver sa décision et de la notifier aux membres qui ont introduit la demande. Toutefois, lorsque la demande a été formulée par au moins la moitié des conseillers, le point en question est inscrit de plein droit à l'ordre du jour.

3- Quorum

La validité des délibérations du conseil communal est conditionnée par la présence de plus de la moitié des membres en exercice.

Si ce quorum n'est pas atteint après une première convocation, une deuxième convocation est adressée pour se réunir dans un délai de trois jours au moins et de cinq jours au plus après le jour fixé pour la première réunion. Si encore une fois le quorum sus-indiqué n'est pas atteint, le conseil se réunit alors après le troisième jour ouvrable et délibère valablement quel que soit le nombre des membres présents.

La condition du quorum est vérifiée au moment de l'ouverture de la session. Les absences et les retraits des membres en cours des séances de la session n'ont aucun effet sur le déroulement des sessions ni sur la validité des délibérations du conseil communal.

4- Majorité

Les décisions du conseil communal sont prises à la majorité absolue des membres présents. Toutefois, pour certaines délibérations, la majorité absolue requise est celle de la majorité absolue des membres en exercice. Il s'agit des délibérations qui concernent les points suivants :

- Le plan d'action de la commune ;

- La création des sociétés de développement local (SDL), la modification de leur objet, la participation à leur capital, son augmentation, sa diminution ou sa cession ;

- Les modes de gestion des services publics communaux ;

- La conclusion de partenariats avec les acteurs du secteur privé ;

- La conclusion des contrats portant sur l'exercice des compétences partagées avec l'État et celles transférées par ce dernier à la commune.

Si la majorité absolue des membres en exercice n'est pas atteinte lors du premier vote, la décision est alors prise par la majorité absolue des membres présents lors d'une seconde réunion. La voix du président est prépondérante en cas de partage égal des voix.

5- Caractère public des séances

Les séances du conseil communal sont publiques. Cette obligation est le corollaire du principe de transparence qui constitue un des principes de bonne gouvernance territoriale. Afin de mettre en œuvre ce principe, la loi oblige le président à afficher les ordres du jour et les dates des réunions au siège de la commune.

Toutefois, à la demande du président ou du tiers des membres du conseil, celui-ci peut décider de se réunir à huis-clos. Le gouverneur peut aussi formuler une telle demande s'il estime que la tenue d'une séance publique risque de porter atteinte à l'ordre public.[87]

6- Police des séances

La police des séances est assurée par le président qui est en droit d'expulser toute personne, autre que les membres, qui en trouble l'ordre. Pour ce, il peut demander l'assistance du représentant de l'autorité locale.

En ce qui concerne les membres du conseil, leur expulsion d'une séance est décidée, sans débat, à la majorité absolue des membres présents, et après avertissement infructueux de la part du président.

§3- Les compétences

La commune exerce trois types de compétences :

- ✓ Des compétences propres ;
- ✓ Des compétences partagées entre l'État et la commune ;
- ✓ Des compétences transférées.

---

[87] Article 48 de la loi organique 113-14.

A- Compétences propres

Les compétences propres sont celles dévolues à la commune par la loi organique 113-14 dans des secteurs bien déterminés et en vertu desquelles la commune a toute latitude pour exercer les fonctions de planification, de programmation, de réalisation, de gestion et d'entretien.

Ces compétences concernent quatre domaines essentiels :

1- Le plan d'action de la commune

C'est le document qui a pour objet de fixer les actions de développement que la commune prévoit de réaliser ou d'y participer sur son territoire pour les six années à venir. Il est établi par le conseil communal sous la supervision du président dans le cadre d'une approche participative.

2- Des services et équipements publics communaux

Le conseil communal est compétent pour créer et gérer les services de proximité. Il en en est ainsi des services et équipements suivants :[88]

- La distribution de l'eau potable et de l'électricité ;

- Le transport public urbain ;

- L'éclairage public ;

- L'assainissement liquide et solide et les stations de traitement des eaux usées ;

- Le nettoiement des voies et places publiques et la collecte des ordures ménagères et des déchets assimilés, leur transport à la décharge, leur traitement et leur valorisation ;

- la circulation, le roulage, la signalisation des voies publiques et le stationnement des véhicules ;

[88] Article 83 de la loi organique 113-14.

- La préservation de l'hygiène ;

- Le transport des malades et des blessés ;

- Le transport de corps et l'inhumation ;

- La création et l'entretien des cimetières ;

- Les marchés communaux ;

- Les foires de l'artisanat et la valorisation du produit local ;

- les halles aux grains ;

- Les gares routières de transport des voyageurs ;

- Les aires de repos ;

- La création et l'entretien des parcs naturels dans le ressort territorial de la commune ;

- Les campings et les centres d'estivage.

En outre, le conseil communal est habilité à assurer les services suivants :

- Les marchés de gros ;

- Les abattoirs, l'abattage et le transport de viandes ;

- Les halles aux poissons.

3- L'urbanisme et l'aménagement du territoire

La commune est compétente pour examiner et approuver les règlements communaux de construction. Elle l'est aussi en matière d'exécution des dispositions du plan d'aménagement et du plan de développement rural concernant l'ouverture de nouvelles zones d'urbanisation.

4- La coopération internationale

La commune est habilitée à établir des rapports de partenariat avec des acteurs étrangers et recevoir au même titre des financements après accord préalable des pouvoirs publics.

Toutefois, les communes ne sont pas autorisées à passer des conventions avec un État étranger.

B- Compétences partagées

Les compétences partagées sont celles dont l'exercice pourrait être plus efficace en cas de réalisation conjointe par la commune d'un côté et par l'État d'un autre côté. Elles sont mises en œuvre par le procédé de contractualisation entre les parties soit à l'initiative de l'État ou sur demande de la commune.

L'exercice partagé de certaines compétences tend essentiellement à réaliser les objectifs suivants :

- Le développement de l'économie locale et la promotion de l'emploi ;

- La préservation des spécificités du patrimoine culturel local et son développement ;

- La promotion et l'encouragement des investissements privés, notamment la réalisation des infrastructures et des équipements, la contribution à la mise en place de zones d'activités économiques et l'amélioration des conditions de travail des entreprises.

Concrètement, les compétences partagées peuvent avoir pour objet la réalisation de services dont on peut citer : réalisation des maisons des jeunes, maisons de bienfaisance et des maisons de retraite, centres sociaux d'accueil, bibliothèques communales, musées, centres de loisirs, complexes sportifs, etc. De même qu'elles peuvent porter sur des actions à l'instar de l'aménagement des plages et des corniches, l'entretien des écoles, la protection de l'environnement, etc.

C- Compétences transférées

Les compétences transférées sont des compétences de l'État mais que celui-ci aurait décidé de les transférer aux communes dans le cadre de l'élargissement continu et progressif des compétences de celles-ci. Ce transfert peut porter sur différents domaines dont notamment :[89]

- La protection et la restauration des monuments historiques, du patrimoine culturel et la préservation des sites naturels ;

- La réalisation et l'entretien des ouvrages et équipements hydrauliques de petite et moyenne envergure.

Les compétences transférées se transforment en compétences propres de la commune. L'État doit transférer en parallèle les ressources financières nécessaires pour permettre à la commune d'e prendre en charge ces compétences supplémentaires.

§4- Les attributions du président du conseil communal

Le président est la plaque tournante de la commune. Il en est le pouvoir exécutif et assure à ce titre des attributions financières, administratives et judiciaires.

A- Les attributions financières, administratives et judiciaires

1- Sur le plan financier

Le président du conseil communal a qualité d'ordonnateur des recettes et des dépenses de sa commune. A ce titre, Il prend les mesures nécessaires pour gérer la vie budgétaire et financière communale. Selon la loi organique 113-14, il :[90]

- exécute le programme d'action de la commune ;

- exécute le budget ;

- arrête les rémunérations pour services rendus et en fixe les tarifs ;

- fixe les taux des taxes, des redevances et des droits divers, conformément aux textes législatifs et réglementaires en vigueur ;

[89] Article 90 de la loi 113-14.
[90] Article 94 de la loi organique 113-14.

- conclut et exécute les contrats relatifs aux emprunts ;

- procède à la conclusion ou la révision des baux et louage des biens ;

- gère et conserve les biens de la commune ;

- assure les actes de location, de vente, d'acquisition, d'échange et toute transaction portant sur les biens du domaine privé de la commune ;

- assure la gestion du domaine public communal et octroie les autorisations d'occupation temporaire de celui-ci ;

- procède à la prise de possession des dons et legs ;

- Conclut et approuve les marchés de travaux, de fournitures ou de services.

2- Sur le plan administratif

Le président est le supérieur hiérarchique du personnel de la commune. D'après l'article 98 de la loi organique 113-14, il est habilité à diriger tous les services administratifs de sa commune. Il est par ailleurs le chef hiérarchique du personnel de la commune.

A ce titre, et conformément aux dispositions de l'article 95 de la loi organique 113-14, le président exerce le pouvoir réglementaire.

Le président du conseil de la commune a également le statut d'officier d'état civil. Il procède à la législation des signatures et à la certification de la conformité des copies aux documents originaux.

3- Sur le plan judiciaire

Le président du conseil communal est le représentant légal de la commune devant la justice. Il est chargé de défendre les intérêts de la commune. A ce titre, il est habilité à intenter toutes actions en justice relatives à la commune et à en assurer le suivi.

Dans l'exercice de ces attributions, le président est tenu d'informer les membres de son conseil de toutes les actions engagées en justice lors de la session ordinaire ou extraordinaire qui suit l'introduction de ces actions.

B- Le président, autorité de police administrative

La police administrative est l'ensemble des décisions prises par les autorités administratives et qui ont pour objet d'imposer des obligations et des restrictions à l'action des individus et des groupes afin d'organiser la vie en société. Pour André de Laubadère, « la police administrative est une forme d'intervention qu'exercent certaines autorités administratives et qui consiste à imposer en vue d'assurer l'ordre public, des limitations aux libertés des individus ». [91]

Le président du conseil communal exerce dans son ressort territorial le pouvoir de police administrative. Ce pouvoir est une prérogative qui lui permet de prendre des mesures nécessaires à l'organisation de la vie en commun sur le territoire de sa commune. Selon les termes de l'article 100 de la loi organique 113-14, il est habilité à prendre des arrêtés réglementaires et des mesures de police individuelles, sous forme d'autorisation, d'injonction ou d'interdiction, afin de garantir l'hygiène, la salubrité, la tranquillité publique et la sûreté des passages.

De la lecture de cet article, il est possible d'en tirer deux types d'informations : les formes de la police administrative exercée par le président d'un côté et ses domaines d'un autre côté.

S'agissant des formes, la police administrative s'exerce par le biais de trois types de mesures :

- Les autorisations ;
- Les injonctions ou ordres ;
- Les interdictions.

---

[91] André De Laubadère, *Traité de Droit administratif*, LGDJ, 1980, p. 601.

S'agissant des domaines, le président du conseil communal est habilité à exercer les mesures précédemment signalées dans les domaines suivants :

- L'hygiène ;
- La salubrité ;
- La tranquillité publique ;
- La sûreté des passages.

Les mesures et les domaines de compétence du président en matière de police administrative sont explicités par les articles 100 et 101 de la loi organique 113-14. On peut citer à titre d'illustration :

- La délivrance des autorisations d'occupation du domaine public sans emprises ;

- Le contrôle des magasins de droguistes, épiciers, coiffeurs, parfumeurs, et plus généralement de tous les lieux où des produits dangereux peuvent être fabriqués, entreposés ou mis en vente ;

- L'organisation des conditions de stationnement payant des véhicules sur les voies et places publiques et sur les lieux réservés à cet effet par la commune ;

- La prise des décisions devant assurer la tranquillité publique, en particulier dans les lieux publics où se font des rassemblements de personnes tels que foires, marchés, salles de spectacles ou de jeux, terrains de sports, cafés, piscines, plages, etc.

- L'organisation de la circulation, du roulage et du stationnement sur les voies publiques.

La compétence du président du conseil communal en matière de police administrative connaît toutefois des exceptions. Il s'agit des matières citées par l'article 110 de la loi organique 113-14 et qui relèvent de la compétence du gouverneur et des agents d'autorité. Ces matières sont :

- Le maintien de l'ordre et de la sécurité publics sur le territoire communal ;

- La constitution des associations, les rassemblements publics et la presse ;

- Les élections et les referendums ;

- Les syndicats professionnels ;

- La législation du travail, notamment les conflits sociaux ;

- Les professions libérales et les permis de confiance des conducteurs de taxis ;

- Le contrôle de l'occupation du domaine public communal ;

- La réglementation et le contrôle de l'importation, la circulation, le port, le dépôt, la vente et l'emploi des armes, des munitions et des explosifs ;

- Le contrôle du contenu de la publicité par affiches, panneaux-réclames et enseignes ;

- La police de la chasse ;

- Les passeports ;

- Le contrôle des prix ;

- La réglementation du commerce des bois sons alcooliques ou alcoolisées ;

- Le contrôle des disques et autres enregistrements audiovisuels ;

- La réquisition des personnes et des biens ;

- L'organisation générale du pays en temps de guerre.

De la lecture des dispositions de cet article, il est possible d'en tirer deux remarques :

La première est que le législateur a opéré un partage de compétences de police administrative entre le président du conseil communal et le représentant de l'État. Ce dernier n'a qu'une compétence d'attribution. Par contre, celle du président est une compétence de principe. Ce partage confirme le renforcement continu de la posture du président du conseil communal.

La deuxième remarque concerne le fond des compétences. Le législateur a confié toutes les matières « sensibles », à connotation politique ou sécuritaire au représentant de l'État, laissant tout le reste entre les mains du président élu.

§5- Les communes au régime d'arrondissements

La loi organique 113-14 soumet les six plus grandes villes du pays à un régime particulier. Il s'agit du régime de villes divisées en arrondissements. Ce régime est à l'origine un apport de la loi 78-00 portant charte communale de 2002 qui l'avait instauré pour les communes urbaines dont le nombre d'habitants dépasse 750 000. Une année plus tard, un réaménagement de la loi précitée a baissé ce nombre à plus de 500 000 habitants uniquement[92]. Toutefois, lors de l'adoption de la loi organique 113-14, le législateur a préféré appliquer le régime des arrondissements à des villes bien déterminées, indépendamment du nombre d'habitants. Il s'agit en l'occurrence des villes de Casablanca, Rabat, Salé, Fès, Marrakech et Tanger.[93]

Le régime se caractérise par la division de ces villes en arrondissements dont chacun est dirigé par un conseil élu, comme instance de proximité. Ces conseils ne sont pas dotés de la personnalité morale mais jouissent d'une certaine autonomie administrative et financière. La ville est par ailleurs chapeautée par un conseil appelé conseil de la ville.

A- Composition des conseils d'arrondissements

Le conseil d'arrondissement comporte deux catégories de conseillers :

[92] La loi n° 78-00 portant charte communale qui a été modifiée par le dahir n° 01-03-82 du 20 moharrem 1424 (24 mars 2003) portant promulgation de la loi n° 01-03 du 24 mars 2003, B.O n° 5096 du 30 moharrem 1424 (3-42003), p. 244.
[93] Article 216.

- Les membres du conseil de la commune élus dans l'arrondissement ;

- Les conseillers d'arrondissement.

Le nombre des conseillers d'arrondissement est l'équivalent du double de celui des membres du conseil de la commune élus dans l'arrondissement.

B- Fonctionnement des conseils d'arrondissements

1- Le bureau

Les affaires du conseil de l'arrondissement sont gérées par un bureau composé d'un président et de plusieurs vice-présidents. Le nombre de ces derniers ne peut excéder le cinquième des membres du conseil d'arrondissement sans toutefois être inférieur à trois. Les fonctions de président et de vice-présidents sont incompatibles avec celle de président de conseil communal.

2- Les commissions permanentes

Les conseils d'arrondissements constituent trois commissions permanentes au plus chargées de l'étude préalable des questions suivantes avant leur soumission aux délibérations du conseil :

- Les questions relatives aux affaires financières et économiques ;

- Les questions relatives aux affaires sociales et culturelles ;

- Les questions relatives aux affaires d'urbanisme et d'environnement.

3- Les sessions

Les conseils d'arrondissements tiennent obligatoirement trois sessions annuelles ordinaires au cours des mois de janvier, juin et septembre. Ils peuvent aussi se réunir en sessions extraordinaires soit à l'initiative du président, ou à la demande du tiers des membres en exercice ou du gouverneur de la préfecture. La session extraordinaire ne peut excéder la durée de trois jours ouvrables consécutifs. Cette durée ne peut être prorogée.

Lorsque le conseil de l'arrondissement est dissout ou lorsqu'il ne peut être constitué, les affaires de l'arrondissement sont gérées par le conseil communal et son bureau jusqu'à l'installation du nouveau conseil. En outre, en cas de dissolution du conseil communal, les conseils d'arrondissements sont suspendus jusqu'au renouvellement dudit conseil. La délégation spéciale prévue par l'article 74 de la loi organique 113-14 assure alors la gestion des affaires courantes desdits conseils.

C- Les attributions des conseils d'arrondissements

Les conseils d'arrondissement exercent essentiellement des attributions de proximité. Celles-ci peuvent être de délibératives ou simplement consultatives. En matière délibérative, les attributions des arrondissements sont assez limitées et souvent exercées soit en collaboration soit sous le contrôle du conseil communal. A ce titre, le conseil d'arrondissement :

- Examine et vote le compte de dépenses sur dotations ;

- Décide de l'affectation des crédits qui lui sont attribués par le conseil de la commune dans le cadre de la dotation globale de fonctionnement ;

- Examine et vote les propositions d'investissement qui sont soumises au conseil de la commune aux fins d'y statuer ;

- Veille sur la gestion, la conservation et l'entretien des biens du domaine public ou privé relatifs à l'exercice de ses attributions ;

- Mène en accord et avec le soutien du conseil de la commune, à titre distinct ou en coopération avec toute partie intéressée, toutes actions de nature à promouvoir le sport, la culture et les programmes destinés à l'enfance, à la femme, aux handicapés ou aux personnes en difficulté ;

- Contribue à la mobilisation sociale, à l'encouragement du mouvement associatif et à l'initiation de projets de développement participatif ;

- Met en place un certain nombre d'équipements et se charge du programme d'aménagement, d'entretien et des modes de gestion desdits équipements lorsqu'ils sont principalement destinés aux habitants de l'arrondissement. Il s'agit des équipements suivants : halles et marchés, parcs, squares, jardins publics et espaces verts, dont la superficie est inférieure à 1 hectare, crèches, garderies, maisons de jeunes, foyers pour personnes âgées, foyers féminins, salles de fêtes, bibliothèques, centres culturels, conservatoires de musique, infrastructures sportives, notamment les terrains de sport, les salles couvertes, les gymnases et les piscines, de l'aménagement des rues.

Les conseils d'arrondissement peuvent également formuler des propositions sur toutes questions intéressant l'arrondissement et les adresser au conseil communal. Il en est ainsi de :

- toutes les actions en mesure de favoriser et à promouvoir le développement économique et social de l'arrondissement ;

- toutes les actions qui relèvent du territoire de l'arrondissement dans l'objectif de promouvoir l'habitat, d'améliorer le cadre de vie et de protéger l'environnement ;

- les mesures relatives à l'hygiène et à la salubrité publiques ;

- les dénominations des voies et places publiques relevant du territoire de l'arrondissement ;

- les actions de mobilisation de citoyens, d'encouragement du développement participatif ou associatif ainsi que les opérations de solidarité ou à caractère humanitaire accomplies dans l'intérêt des habitants de l'arrondissement.

Les conseils d'arrondissement donnent également leur avis sur un nombre de programmes et de projets comme le plan d'action de la commune sur la partie à exécuter totalement ou partiellement dans les limites de l'arrondissement ou encore sur l'établissement, la révision ou la modification des documents d'urbanisme ainsi que de tout projet d'aménagement urbain, lorsque ces documents ou projets concernent en tout ou sont censés impacter le territoire de l'arrondissement.

D- Les attributions du président du conseil d'arrondissement

Le président du conseil d'arrondissement exécute les délibérations de ce dernier. Pour ce, il prend toutes les mesures nécessaires et en assure le suivi d'exécution. Il peut également exercer des attributions que lui délègue le président du conseil communal. Celui-ci peut également lui déléguer l'exercice de certaines attributions relatives aux mesures individuelles de police administrative. Il en est de même des attributions reconnues aux présidents des conseils communaux en matière électorale dans le cadre du ressort territorial de l'arrondissement.

A cet égard, lorsque le président du conseil communal accorde une délégation au président d'un conseil communal, cette délégation doit aussi être accordée, et de plein droit, aux présidents des autres conseils d'arrondissements relevant de la commune, s'ils en font la demande.

De même, et toujours sur délégation du président du conseil communal, les présidents des conseils d'arrondissements et leurs vice-présidents peuvent assurer les attributions suivantes :

- L'état civil ;

- La légalisation de signature et la certification de la conformité des documents aux originaux ;

- L'octroi des permis de construire, des permis d'habiter et des certificats de conformité concernant les petits projets prévus dans le règlement général de construction.

En matière de gestion des ressources humaines, le président du conseil d'arrondissement n'a pas compétence pour recruter le personnel de son administration. Toutefois, il est chargé de gérer la carrière professionnelle de ce personnel.

En matière budgétaire, le président du conseil d'arrondissement est ordonnateur des dépenses de l'arrondissement.

E- Ressources humaines

Le personnel administratif de l'arrondissement est un personnel recruté par le président du conseil communal. Celui-ci l'affecte auprès de l'arrondissement.

L'arrondissement est également doté d'un directeur, appelé directeur d'arrondissement, qui est nommé par arrêté du président du conseil de la commune, après accord du président du conseil d'arrondissement, parmi les fonctionnaires de la commune. Le directeur accomplit les missions et tâches qui lui sont confiées par le président du conseil de l'arrondissement et sous la responsabilité de ce dernier. Celui-ci peut également lui déléguer son pouvoir de signature dans le domaine de la gestion administrative de l'arrondissement.

F- Ressources financières

Les recettes de l'arrondissement proviennent d'une dotation globale annuelle allouée par le conseil communal qui en fixe le montant[94]. Le total des dotations globales allouées à l'ensemble des arrondissements de la commune ne doit toutefois pas être inférieur à 10% du budget communal.

La dotation globale des arrondissements comprend une part destinée à l'animation locale et une part relative à la gestion locale. La première est destinée à couvrir les frais relatifs à la gestion des affaires de proximité, et qui touchent essentiellement la promotion du sport, de la culture, des programmes sociaux destines à l'enfance,

---

[94] Article 245 de la loi organique 113-14. Cette dotation constitue une dépense annuelle obligatoire du budget du conseil de la ville.

à la femme et aux handicapés ou personnes en difficultés ainsi qu'à la mobilisation sociale et à la promotion de l'action associative en vue de réaliser des projets de développement participatif. Le volume financier de cette part est déterminé proportionnellement au nombre d'habitants de l'arrondissement sans toutefois être inférieur à un seuil minimum fixé par décret pris sur proposition de l'autorité gouvernementale chargée de l'intérieur.

La seconde part couvre les dépenses relatives à la gestion des équipements et des services qui concernent les arrondissements. Le montant de cette part est fixé en fonction de l'importance des dépenses de fonctionnement de l'arrondissement, sans pour autant comptabiliser les dépenses du personnel et des frais financiers qui restent à la charge du budget de la commune mère.

§6- Les communes mechouars

Les communes mechouars ont la caractéristique d'être le siège d'un palais royal. Elles sont donc soumises à des dispositions particulières qui font exception au régime de droit commun appliqué au reste des communes, et ce sur trois points :

- La composition du conseil :

Les membres du conseil sont élus selon les mêmes modalités prévues par la loi 59-11 relative à l'élection des membres des conseils des collectivités territoriales. Toutefois leur nombre est fixé à 9 quel que soit le nombre de la population de la commune.

- Le contrôle des délibérations :

Les délibérations du conseil sont soumises à un régime de contrôle centralisé et plus serré. Ce régime est marqué par la généralisation systématique de l'exigence de l'approbation préalable à toutes les délibérations du conseil. En effet, ces délibérations, et quel que soit leur objet, ne deviennent exécutoires qu'après approbation du ministre de l'intérieur.

- Les attributions du président du conseil

Une dernière particularité majeure des communes mechouars est que les attributions de leurs présidents sont exercées par un Pacha, nommé par le ministre de l'intérieur. Celui-ci est assisté d'un adjoint auquel il peut déléguer une partie de ses attributions. L'adjoint le remplace en cas d'absence ou d'empêchement.

Section 3 : L'organisation préfectorale et provinciale

En tant que collectivités territoriales, les préfectures et provinces[95] ont été historiquement organisées par trois textes juridiques importants.

- Le premier est le dahir du 12 septembre 1963[96], adopté au lendemain de la promulgation de la première constitution marocaine en 1962 et qui avait doté les préfectures et provinces de statut de collectivités locales, à l'instar des communes.

- Le deuxième texte est la loi 79-00[97] du 3 octobre 2002 qui a abrogé le dahir de 1963.

- Le troisième texte, actuellement en vigueur, est la loi organique 112-14 du 7 juillet 2015.[98]

De la comparaison de ces trois textes, il est possible de faire les remarques suivantes :

- Tous les trois consacrent un caractère démocratique diminué des assemblées préfectorales et provinciales puisqu'ils entériné l'élection par suffrage indirect des membres de ces assemblées.

---

[95] Préfectures et provinces constituent une même catégorie. Elles se diffèrent les unes des autres par la nature urbaine ou rurale de la majorité de leurs habitants. Les préfectures ont une prédominance urbaine, alors que les provinces ont plutôt une prédominance rurale.

[96] Dahir n° 1-63-273 du 12 septembre 1963 relatif à l'organisation des préfectures, des provinces et de leurs assemblées, B.O n° 2655 du 13 septembre 1963.

[97] Loi n° 79-00 promulguée par le dahir n° 1-02-269 du 25 rejeb 1423 (3 octobre 2002) relatif à l'organisation des préfectures et des provinces, B.O n° 5058 du 21 novembre 2002.

[98] Dahir n° 1-15-84 du 20 ramadan 1436 (7 juillet 2015) portant promulgation de la loi organique n° 112-14 relative aux préfectures et provinces, B.O n° 6440 du 18 février 2016.

- Les textes de 1963 et de 2003 ont soumis les actions des assemblées préfectorales et provinciales à une tutelle assez poussée. Ils ont également confiné les présidents de ces assemblées dans un statut formel ou honorifique puisque les gouverneurs étaient habilités à exécuter les délibérations des assemblées et avaient le statut d'ordonnateur de leurs budgets.

- Sur ces deux points, la loi organique 112-14 se démarque. D'un côté, elle a assoupli le contrôle exercé par l'État sur les assemblées préfectorales et provinciales. D'un autre côté, elle a valorisé le statut des présidents en leur confiant les attributions relevant jadis de la compétence des gouverneurs en matière d'exécution des délibérations et en matière budgétaire.

§1- Organisation des assemblées préfectorales et provinciales

A- Composition des assemblées

Les membres des assemblées préfectorales et provinciales sont désignés conformément aux dispositions de la loi organique 59-11 relative à l'élection des membres des conseils des collectivités territoriales[99]. Ils sont élus à l'issue d'un scrutin indirect par un collège électoral composé des membres des conseils communaux relevant de ladite préfecture ou province.

Le mode de scrutin adopté est le scrutin de liste à la représentation proportionnelle suivant la règle du plus fort reste.

Le nombre des membres à élire varie selon le nombre d'habitants de la préfecture ou province :

[99] Dahir n° 1-11-173 du 24 hijja 1432 (21 novembre 2011) portant promulgation de la loi organique n° 59-11 relative à l'élection des membres des conseils des collectivités territoriales, Bulletin officiel n° 6066 du 29 chaabane 1433 (19 juillet 2012).

Nombre d'habitants	Nombre de membres
Inférieur à 150.000	11
Entre 150.001 et 200.000	13
Entre 200.001 et 300.000	15
Entre 300.001 et 400.000	17
Entre 400.001 et 500.000	19
Entre 500.001 et 600.000	21
Entre 600.0001 et 700.000	23
Entre 700.001 et 800.000	25
Entre 800.001 et 900.000	27
Entre 900.001 et 1.000.000	29
Plus de 1.000.000	31

Dans tous les cas, le nombre des membres d'un conseil de préfecture ou de province ne peut être supérieur à la moitié du nombre total des membres de la ou des communes qui en relèvent.[100]

Le mandat des membres élus est de d'une durée de six ans.

B- Les organes du conseil

1- Le président

Dans les dix jours qui suivent l'élection du conseil, les membres sont convoqués à leur première réunion consacrée à l'élection du président et des vice-présidents. La candidature au poste du président est soumise à deux conditions :

- D'abord, elle n'est ouverte qu'aux têtes des listes classées dans les cinq premières positions selon les résultats du scrutin. Un candidat indépendant peut aussi présenter sa candidature si le

[100] Article 104 de la loi organique 59-11.

nombre de sièges obtenus par sa liste est supérieur ou égal au nombre de sièges obtenus par la liste classée dans la cinquième position.

En cas de décès du candidat, ou s'il est devenu inéligible pour quelque cause que ce soit, ou s'il démissionne ou s'i1 a eu un autre empêchement légal, le candidat classé immédiatement après lui sur la même liste, ou le cas échéant, le candidat suivant, est habilite de plein droit à se porter candidat au poste de président.

- Ensuite, chaque candidat doit produire une lettre d'accréditation délivrée par son parti politique l'habilitant à se présenter comme candidat à la présidence. Les candidats indépendants sont dispensés de cette deuxième condition.

La séance d'élection du président se tient sous la présidence du membre le plus âgé non candidat parmi les membres présents. Le secrétariat de la séance et l'établissement du procès verbal sont confiés au membre le plus jeune parmi les membres présents non candidats.

Pour qu'il soit élu dès le premier tour, un candidat doit obtenir la majorité absolue des membres en exercice. Si cette majorité n'est atteinte par aucun des candidats, il est procédé à un deuxième tour, lors de la même séance, entre les candidats classés, selon le nombre de voix obtenues, en premier et deuxième rangs. Dans ce cas, l'élection a lieu à la majorité absolue des membres en exercice. Si encore une fois, cette majorité n'est obtenue par aucun des candidats, il est procédé à un troisième tour, lors de la même séance, où le président est alors élu à la majorité relative des membres présents.

En cas de partage égal des suffrages lors de ce troisième tour, le candidat le plus jeune est déclaré élu, et en cas d'égalité d'âge, le vainqueur de l'élection est choisi par tirage au sort.

2- Les vice-présidents

Les vice-présidents sont élus lors de la même séance d'élection du président et sous la présidence de ce dernier. Ils le sont au scrutin de liste. Le président propose sa liste. Il en est de même des autres membres qui peuvent présenter leurs listes. Chaque liste doit comporter un nombre de candidats égal au nombre de vice-présidents, avec mention de leur classement. En outre, et dans un esprit de parité, chaque liste doit « œuvrer »[101] pour comprendre un nombre de femmes candidates non inférieur au tiers des postes de vice-présidence.

Pour être élus, les vice-présidents doivent obtenir la majorité absolue des membres du conseil en exercice. Si aucune liste n'obtient cette majorité, un deuxième tour est alors organisé entre les deux listes ou les listes classées aux premier et deuxième rangs lors du premier tour. Si encore une fois aucune des listes en lice n'obtient ladite majorité, il est procédé à un troisième tour où l'élection a lieu à la majorité relative des membres présents. En cas de partage égal des suffrages au cours du troisième tour de l'élection des vice-présidents, la liste présentée par le président est prépondérante et donc déclarée gagnante.

3- Secrétaire du conseil

Après l'élection des vice-présidents, le conseil préfectoral ou provincial élit un secrétaire du conseil. Celui-ci est choisi en dehors des membres du bureau. Il a la tâche de rédiger et de conserver les procès-verbaux des délibérations. L'élection du secrétaire du conseil a lieu à la majorité relative des membres présents, pendant la séance réservée à l'élection des vice-présidents. En cas de partage égal des suffrages, le candidat le plus jeune est déclaré élu. En cas d'égalité d'âge, le candidat vainqueur est déclaré au tirage au sort.

---

[101] Le verbe « œuvrer » est loin de renvoyer à une obligation juridiquement stricte dont le non respect serait susceptible de sanction. Ce qui met en question l'effectivité de cette disposition relative à la parité.

Un secrétaire adjoint est élu dans les mêmes conditions afin d'assister le secrétaire et de le remplacer en cas d'absence ou d'empêchement.

4- Les commissions

Chaque conseil préfectoral ou provincial est tenu de constituer trois commissions permanentes au moins. Celles-ci sont respectivement chargées des questions suivantes :

- Le budget, les affaires financières et la programmation ;

- Le développement rural et urbain, la promotion des investissements, l'eau, l'énergie et l'environnement ;

- Les affaires sociales et la famille.

Chaque commission ne peut comporter un nombre de membres inférieur à cinq. Elle fonctionne sous la direction d'un président et d'un adjoint, les deux élus par le conseil à la majorité relative des membres présents. Au cas où aucun candidat ou candidate, en dehors des membres du bureau, ne se présente à ce poste, tout membre du bureau peut se porter candidat pour l'occuper, à l'exception du président.

La présidence d'une des commissions permanentes doit être réservée à un membre de l'opposition. Il revient au règlement intérieur de fixer les modalités de mise en œuvre de cette exigence.

Chaque commission tient ses réunions sur demande du président du conseil, de son président ou du tiers de ses membres pour examiner les dossiers qui lui sont soumis. En effet, les questions à l'ordre du jour du conseil sont obligatoirement soumises à l'examen préalable des commissions permanentes compétentes. Cette disposition n'est pas de mise en cas de tenue d'une session extraordinaire. Lorsque pour une raison quelconque la commission permanente n'examine pas une question qui lui a été soumise, le conseil prend une décision sans débat, pour délibérer ou non au sujet de cette question.

En outre, le conseil peut également constituer des commissions thématiques provisoires dans l'objectif d'examiner des questions déterminées. Les travaux de ces commissions ad-hoc prennent fin par le dépôt de leur rapport auprès du président du conseil. Ces commissions ne peuvent se substituer aux commissions permanentes.

§2- Fonctionnement des assemblées préfectorales et provinciales

A- Les sessions

Le conseil préfectoral ou provincial tient obligatoirement trois sessions ordinaires par an au cours des mois de janvier, juin et septembre. Les sessions s'ouvrent le deuxième lundi des mois indiqués.

Chaque session comporte une série de séances dont la durée et l'heure de tenue sont fixées par le règlement intérieur.

Le gouverneur de la préfecture ou de la province assiste aux séances du conseil. II ne peut prendre part au vote, mais il peut présenter à son initiative, ou sur demande du président ou des membres du conseil, toutes observations et précisions relatives aux questions objet des délibérations en cours.

La durée de chaque session ordinaire ne peut excéder quinze jours consécutifs. Toutefois, cette durée peut être prorogée une seule fois par arrêté du président du conseil pour une période ne pouvant dépasser quinze jours consécutifs. Le président du conseil est tenu d'en informer le gouverneur de la préfecture ou de la province en lui transmettant l'arrêté de prorogation.

Outre les sessions ordinaires, le conseil peut également tenir des séances extraordinaires. La session est alors convoquée par le président du conseil à son initiative ou à la demande du tiers au moins des membres du conseil en exercice. La demande doit être accompagnée des questions à soumettre au conseil pour délibération. Si le président refuse cette demande, il est tenu de motiver son refus par un arrêté qu'il notifie aux intéressés dans un délai maximum de dix jours à compter de la date de la réception de ladite demande. Mais si celle-ci a été formulée par la majorité absolue des membres du conseil, une session extraordinaire se tient obligatoirement, avec un ordre du jour déterminé, dans les quinze jours suivant la date de la présentation de la demande.

Il en est de même lorsque la demande d'une session extraordinaire provient du gouverneur. Dans ce dernier cas, le conseil se réunit de plein droit. La demande du gouverneur doit comporter les questions sur lesquelles il y aura lieu de délibérer et les documents y afférents. Ladite séance est tenue dans les dix jours qui suivent la date de formulation de la demande.

B- Ordre du jour des sessions

L'ordre du jour des sessions est établi par le président en collaboration avec les membres du bureau. Les autres membres en sont informés vingt jours au moins avant la date de la tenue de la session. Outre les questions arrêtées par le bureau, certaines questions doivent obligatoirement être inscrites à l'ordre du jour. Il s'agit :

- Des pétitions présentées par les citoyennes et les citoyens et les associations et qui ont été déclarées recevables ;[102]

- Des questions supplémentaires que le gouverneur pourrait proposer et notamment celles qui à son avis revêtent un caractère urgent, mais à condition d'en aviser le président dans un délai de huit jours à compter de la date de réception de l'ordre du jour par le gouverneur.[103]

---

[102] Article 39 de la loi organique 112-14.
[103] Article 40 de la loi organique 112-14.

Les membres du conseil en exercice peuvent également, à titre individuel ou collectif, demander au président, par écrit, d'inscrire à l'ordre du jour une question faisant partie des attributions du conseil. En cas de refus, le président doit notifier sa décision motivée aux demandeurs. Le refus d'inscription d'une ou de plusieurs questions proposées à l'ordre du jour doit être porté, sans débat, à la connaissance du conseil à l'ouverture de la session, et consigné obligatoirement sur le procès-verbal de la séance. Toutefois, lorsque la demande est formulée par au moins la moitié des membres du conseil, la question est obligatoirement ajoutée à l'ordre du jour.[104]

C- Quorum des sessions

Les délibérations du conseil préfectoral ou provincial ne sont valables qu'en présence de plus de la moitié des membres en exercice. Lorsque ce quorum n'est pas atteint, une deuxième convocation est adressée à tous les membres, dans un délai de trois jours au moins et de cinq jours au plus après le jour fixé pour la première réunion. Si même après cette deuxième convocation le quorum requis n'est pas atteint, le conseil se réunit, dans le même lieu et à la même heure, après le troisième jour ouvrable et ses délibérations sont alors valables quel que soit le nombre des membres présents.

Dans tous les cas, le quorum est vérifié à l'ouverture de la session. L'absence ou le retrait au cours de la session n'a aucun impact sur la validité des délibérations.

Les sessions extraordinaires sont plus souples en termes de quorum. Leurs délibérations ne sont valides qu'en présence de plus de la moitié des membres du conseil en exercice. Toutefois, si ce quorum n'est pas atteint, la session est reportée au jour ouvrable suivant et se tient alors quel que soit le nombre des membres présents.[105]

---

[104] Article 41 de la loi organique 112-14.
[105] Article 38 de la loi organique 112-14.

D- Vote

Le conseil préfectoral ou provincial prend ses décisions à la majorité absolue des suffrages exprimés, c'est-à-dire des membres présents. Toutefois, certaines délibérations, et au vu de leur caractère stratégique, doivent être prises à la majorité absolue des membres du conseil en exercice. Il s'agit des matières suivantes :[106]

- Le programme de développement de la préfecture ou de la province ;

- La création des sociétés de développement, la modification de leur objet ; la participation à leur capital, son augmentation, sa diminution ou sa cession ;

- Les modes de gestion des services publics relevant de la préfecture ou de la province ;

- Le partenariat avec les opérateurs du secteur privé ;

- Les contrats relatifs à l'exercice des compétences partagées avec l'État et celles transférées par ce dernier à la préfecture ou la province.

Néanmoins, lorsque cette majorité n'est pas atteinte au premier vote, il est procédé à un deuxième vote où la décision est prise à la majorité absolue des suffrages exprimés. En cas de partage égal des voix, celle du président est prépondérante.

§3- Les attributions des assemblées préfectorales ou provinciales

D'une manière générale, il est possible d'affirmer que les préfectures et provinces sont chargées de deux missions essentielles dans le cadre de leur ressort territorial :

- Promouvoir le développement social notamment dans le milieu rural ;

[106] Article 44 de la loi organique 112-14.

- Renforcer la coopération et la mutualisation des communes situées sur leurs territoires.

Avec une mission sociale prépondérante, les préfectures et provinces assurent ou peuvent assurer trois types de compétences :

- Des compétences propres ;
- Des compétences exercées de façon partagée avec l'État ;
- Des compétences transférées de la part de l'État.

A- Compétences propres

Les compétences propres sont les compétences dévolues à la préfecture ou à la province et que celle-ci règle par ses délibérations dans la limite de son ressort territorial. Elle en assure la planification, la programmation, la gestion et l'entretien. La loi organique 112-14 en donne une liste qui met clairement en avant le penchant social des interventions des assemblées préfectorales et provinciales. Il s'agit des domaines suivants :[107]

- Le transport scolaire au profit des élèves des milieux ruraux ;

- La construction et l'entretien des pistes dans le monde rural ;

- La conception et la réalisation de programmes pour réduire la pauvreté et la précarité ;

- Le diagnostic des besoins dans les domaines sociaux, dont notamment la santé, le logement et l'enseignement ;

- Le diagnostic des besoins dans les domaines culturels et sportifs.

Pour assurer ces missions, le conseil préfectoral ou provincial met en place un programme de développement pour une durée de six ans et en assure l'exécution, l'actualisation et l'évaluation.

[107] Article 79 de la loi organique 112-14.

B- Compétences partagées

Les assemblées préfectorales ou provinciales exercent également des compétences partagées avec l'État et qui sont toutes axées sur le côté social et notamment dans le milieu rural. Ces compétences sont les suivantes :

- La mise à niveau du monde rural dans les domaines de sante, de formation, des infrastructures et des équipements ;

- La promotion du développement des milieux montagneux et oasiens ;

- La contribution à l'alimentation des milieux ruraux en électricité eau et en potable ;

- La mise en place de programmes de désenclavement du monde rural ;

- La contribution à la réalisation et à l'entretien des routes provinciales ;

- la mise à niveau sociale dans les domaines de l'éducation, de la sante, du social et du sport.

L'ensemble de ces compétences sont mises en vigueur par voie contractuelle soit à l'initiative de l'État ou sur demande de la préfecture ou la province.

C- Compétences transférées

Ce sont les compétences que l'État juge utile d'en transférer l'exercice aux assemblées préfectorales ou provinciales et qui contribuent à l'élargissement des domaines d'intervention de celles-ci. Ce transfert peut porter sur deux domaines :

- Le développement social ;

- La réalisation et l'entretien des petits et moyens ouvrages hydrauliques, en particulier dans le monde rural.

Les compétences transférées deviennent ainsi des compétences propres des assemblées préfectorales ou provinciales. Leur transfert doit tenir compte au principe de progressivité.

§4- Les attributions du président

La loi organique 112-14 de 2015 a marqué un tournant historique au niveau de la décentralisation préfectorale et provinciale en relation avec les attributions du président. En effet, ce n'est qu'à partir de l'entrée en vigueur de cette loi que le président du conseil préfectoral ou provincial a été doté d'attributions effectives et qui étaient auparavant exercées par le gouverneur. Il est devenu l'autorité exécutive du conseil qu'il préside et ordonnateur de son budget et le représentant officiel du conseil dans tous les actes de la vie civile, administrative et judiciaire.

A- En matière budgétaire

Le président a qualité d'ordonnateur des recettes et des dépenses de son conseil. A ce titre :

- Il exécute le programme de développement de la préfecture ou de la province ;

- Il élabore et exécute le budget ;

- Il fixe les tarifs des taxes, des redevances et des droits revenant à sa collectivité territoriale ;

- Il instaure les rémunérations pour services rendus et en fixe les tarifs ;

- Il conclut et exécute les contrats relatifs aux emprunts ;

- Il lui revient de gérer et de conserver les biens de la préfecture ou de la province ;

- Il conclut toutes les transactions relatives aux biens du domaine privé de la préfecture ou de la province ;

- Il assure la gestion du domaine public de la préfecture ou de la province et délivre les autorisations d'occupation temporaire du domaine public appartenant à sa collectivité ;

- Il est compétent pour approuver les marchés de travaux, de fournitures ou de services.

B- En matière administrative

Le président est l'administrateur des affaires de son conseil. A ce titre :

- Il exerce le pouvoir réglementaire en prenant des arrêtés qu'il publie dans le Bulletin officiel des collectivités territoriales ;

- Il assure la gestion des services administratifs de la préfecture ou de la province.

- Il est le supérieur hiérarchique du personnel dont il assure la nomination, la discipline et la gestion de carrière ;

- Il peut, sous sa responsabilité et son contrôle, déléguer son pouvoir de signature à ses vice-présidents. Cette délégation ne saurait concerner les domaines de la gestion administrative et budgétaire. Il est aussi en droit de déléguer à ses vice-présidents une partie de ses attributions. Cependant, cette délégation doit être limitée à un secteur déterminé pour chaque vice-président.

- Le président peut également déléguer son pouvoir de signature en matière administrative et en matière d'ordonnancement des recettes et des dépenses au directeur général des services. Et sur proposition de ce dernier, il peut donner la même délégation aux chefs de divisions et aux chefs de services de l'administration préfectorale ou provinciale.

C- En matière juridictionnelle

Le président représente la préfecture ou la province en justice sauf lorsqu'il a personnellement un intérêt dans l'affaire ou s'il a dans ladite affaire la qualité de mandataire d'autrui, d'associé, d'actionnaire ou si l'affaire concerne son conjoint, ses ascendants ou ses descendants.[108]

A cet effet, il intente toutes actions en justice relatives à la préfecture ou à la province et assure le suivi de toutes les étapes de leur déroulement.

Section 4 : L'organisation régionale

La région est le troisième échelon territorial. Elle n'a été hissée au rang de collectivité territoriale qu'avec la constitution de 1992[109]. Par la suite, les règles relatives à son organisation et son fonctionnement ont fait l'objet de la loi n° 47-96 du 2 avril 1997[110]. En dépit de ce nouveau statut et de la reconnaissance de l'autonomie administrative et financière aux conseils régionaux, la loi de 1997 a limité l'essor démocratique de ces derniers et ce à travers deux dispositions phares :

- La première concerne le caractère démocratique de la composition des conseils régionaux. A cet égard, la loi a précisé que la composition des conseils régionaux est faite des « représentants élus des collectivités locales, des chambres professionnelles et des salariés. Il comprend également les membres du parlement élus dans le cadre de la région ainsi que les présidents des assemblées préfectorales et provinciales sises dans la région qui assistent à ses réunions avec voix consultative »[111]. Outre les membres de droit avec voix consultative, les conseils régionaux comprenaient des membres issus du suffrage indirect.

- La deuxième disposition concerne le pouvoir exécutif de la région. La loi affirmait clairement que « Le gouverneur du chef-lieu

[108] Article 207 de la loi organique 112-14.
[109] Article 94 de la constitution du 4 septembre 1992.
[110] Dahir n° 1-97-84 du 23 kaada 1417 (2 avril 1997) portant promulgation de la loi n° 47-96 relative à l'organisation de la région, Bulletin Officiel n° : 4470 du 03/04/1997, p. 292.
[111] Article 3 de la loi du 2 avril 1997.

de la région assure l'exécution des délibérations du conseil régional ». Ce qui dénuait le président du conseil de toute compétence effective.

L'apport principal de la loi organique 111-14 de 2015 est justement de mettre fin à ces deux aberrations démocratiques. D'un côté en faisant ressortit le conseil régional du suffrage direct, ce qui lui attribue sa légitimité démocratique ; et d'un autre côté, en transférant les attributions jadis exercées par le wali au président élu.

Ces réformes ont été adoptées dans le sillage des recommandations de la commission consultative de la régionalisation qui avait recommandé « l'élection de l'ensemble des conseillers régionaux ayant voix délibérante au suffrage universel direct »[112].

§1- Organisation des assemblées régionales

A- Composition des assemblées

Les membres du conseil régional sont élus au suffrage universel direct[113] au scrutin de liste à la représentation proportionnelle suivant la règle du plus fort reste sans panachage ni vote préférentiel[114]pour un mandat de six ans. Le nombre de membres à élire dans chaque région est fixé par décret sur la base du nombre d'habitants selon l'échelle suivante :[115]

Nombre d'habitants	Nombre de membres élus
Inférieur ou égal à 250.000	33
Entre 250.001 et 1.000.000	39

[112] Rapport de la commission consultative de la régionalisation, 2011, p. 11.
[113] Article 9 de la loi organique 111-14.
[114] Article 78 de la loi organique 59-11.
[115] Article 74 de la loi 59-11.

Entre 1.000.001 et 1.750.000	45
Entre 1.750.001 et 2.500.000	51
Entre 2.500.001 et 3.000.000	57
Entre 3.000.001 et 3.750.001	63
Entre 3.750.001 et 4.500.000	69
Plus de 4.500.000	75

B- Les organes du conseil

1- Le président du conseil

Le président du conseil est élu parmi les membres du conseil lors d'une séance tenue dans les quinze jours qui suivent l'élection de ces derniers. La candidature au poste du président est toutefois soumise à deux restrictions :

- Elle n'est ouverte qu'aux têtes de listes des partis classés ans les cinq premières positions au regard du nombre total des sièges obtenus dans le conseil de la région. Les têtes de listes des candidats indépendants peuvent également se porter candidats si le nombre de sièges obtenus par leurs listes est supérieur ou égal au nombre de sièges obtenus par le parti classé dans la cinquième position.

- Les candidats doivent aussi produire une lettre d'accréditation fournie par leurs partis politiques respectifs les habilitant à se postuler. Les candidats indépendants sont exemptés de cette exigence.

Pour être élu, un candidat à la présidence doit obtenir la majorité absolue des membres en exercice. Si aucun candidat n'obtient cette majorité, un deuxième tour de scrutin est organisé entre les candidats classés en premier et deuxième rangs selon les résultats du premier tour. Si encore une fois, la majorité requise n'est atteinte par aucun des candidats restants, il est procédé à un troisième tour où le président sera élu à la majorité relative des membres présents.

En d'égalité des voix, le candidat le plus jeune est déclaré vainqueur. En cas d'égalité d'âge, le président sera désigné par tirage au sort.

2- Les vice-présidents

Lors de la même séance d'élection du président, il est procédé, sous la présidence de celui-ci, à l'élection des vice-présidents. Le nombre des vice-présidents dépend du nombre des membres du conseil et il est fixé comme suit :

Nombre des membres du conseil	Nombre des vice-présidents
Inférieur ou égal à 39	6
Égal à 45 ou 51	7
Égal à 57 ou 63	8
Supérieur à 63	9

L'élection des vice-présidents s'effectue selon le scrutin de listes. Le président présente sa liste. Les autres membres peuvent également en faire autant. Chaque liste doit comporter un nombre de candidats égal au nombre de vice-présidents à élire. Les listes doivent aussi « œuvrer », dans un souci d'atteindre la parité, à présenter un nombre de femmes candidates non inférieur au tiers des postes de vice-présidence.[116]

L'élection des vice-présidents s'effectue à la majorité absolue des élus en exercice. Si aucune liste n'obtient cette majorité au premier tour, un deuxième tour est alors organisé uniquement pour les deux listes ou les listes classées aux premier et deuxième rangs lors du premier tour. Si encore une fois aucune de celles-ci n'obtient la majorité requise, il est procédé à un troisième tour de scrutin où l'élection seule la majorité relative des membres présents est nécessaire. En cas de partage égal des suffrages au cours du

[116] Article 19, al. 6 de la loi organique 111-14.

troisième tour de l'élection des vice-présidents, la liste présentée par le président est prépondérante et donc déclarée gagnante.

3- Secrétaire du conseil

Le conseil régional élit un de ses membres comme secrétaire et un deuxième comme membre comme secrétaire adjoint. Les deux ne doivent pas faire partie du bureau. L'élection se fait à la majorité relative des membres présents au cours de la séance d'élection des vice-présidents. En cas de partage égal des suffrages, le candidat le plus jeune est déclaré élu. En cas d'égalité d'âge, le candidat élu est choisi par tirage au sort.

Le secrétaire, ou son adjoint en cas d'absence du premier, a pour mission de rédiger et de conserver les procès verbaux des séances du conseil régional.

4- Les commissions permanentes

Chaque conseil régional doit constituer des commissions permanentes[117], composées des membres, et dont le nombre ne peut être inférieur à trois ni supérieur à sept. Le nombre des commissions permanentes et les modalités de leur composition et de leur fonctionnement sont fixés par le règlement intérieur du conseil régional. Dans tous les cas, chaque commission permanente créée doit compter au moins de cinq membres.

Les trois commissions permanentes obligatoires sont celles qui ont pour objet les questions suivantes :

- La commission chargée du budget, des affaires financières et de la programmation ;

- La commission chargée du développement économique, social, culturel et environnemental ;

- La commission chargée de l'aménagement du territoire.

[117] Article 28 de la loi organique 111-14.

Les présidents des commissions permanentes et leurs adjoints sont élus par le conseil en dehors des membres du bureau. Leur élection se fait à la majorité relative des membres présents. La présidence d'une des commissions permanentes doit revenir à un membre de l'opposition.

Les commissions permanentes se réunissent sur demande du président du conseil, de leurs propres présidents ou du tiers de leurs membres.

Outre les commissions permanentes, le conseil peut aussi constituer des commissions provisoires pour examiner et donner des avis et propositions sur des questions déterminées. Ce sont des commissions ad-hon qui ne peuvent remplacer les commissions permanentes ou empiéter sur leurs compétences. Leur fonctionnement cesse dès la remise de leur rapport au président du conseil.

§2- Fonctionnement du conseil

A- Les sessions

Le conseil régional tient obligatoirement trois sessions ordinaires par an, au cours des mois de mars, juillet et octobre. La session s'ouvre le premier lundi du mois fixé pour la tenue de la session ordinaire.

Chaque session ordinaire est tenue pendant une durée ne pouvant excéder quinze jours consécutifs. Si cette durée s'avère insuffisante, elle peut être prorogée une seule fois par arrêté du président du conseil. La prorogation ne saurait toutefois dépasser quinze jours consécutifs. Le président du conseil en informe obligatoirement le wali en transmettant obligatoirement à celui-ci l'arrêté de prorogation de la région dès sa prise.

Le wali de la région assiste aux séances du conseil sur invitation du président du conseil de la région. II ne peut toutefois prendre part au vote, et peut présenter à son initiative, ou sur demande du président ou des membres du conseil, des observations et précisions en relation avec les questions objets des délibérations.

Le conseil peut également tenir des sessions extraordinaires soit à l'initiative de son président soit à la demande du tiers au moins des membres du conseil en exercice. Cette demande doit comporter les questions à soumettre au conseil pour délibération. Si le président refuse cette demande, il doit motiver son refus par un arrêté qu'il notifie aux intéressés dans un délai maximum de 10 jours à compter de la date de la réception de la demande.

Toutefois, si la demande est présentée par un nombre égal ou supérieur à la majorité absolue des membres du conseil, une session extraordinaire se tient obligatoirement, sur la base d'un ordre du jour déterminé, dans les trente jours qui suivent la date de la formulation de la demande.

Le wali de la région peut également provoquer une session extraordinaire. Dans ce cas, le conseil se réunit aussi de plein droit dans les dix jours qui suivent la demande du wali.

B- Ordre du jour des sessions

L'ordre du jour des sessions du conseil de la région est établi par le président en collaboration avec les membres du bureau. Il doit être communiqué au wali de la région vingt jours au moins avant la date prévue pour la tenue de ladite session. Deux types de questions sont obligatoirement inscrits à l'ordre du jour :

- Les pétitions présentées par les citoyennes et les citoyens et les associations et ont été déclarées recevables ;[118]

- Les questions supplémentaires que le wali souhaiterait ajouter à l'ordre du jour à condition d'en aviser le président dans un délai de huit jours à compter de la date de réception de l'ordre du jour par le wali.[119]

---

[118] Article 41 de la loi organique 111-14.
[119] Article 42 de la loi organique 111-14.

Les membres du conseil en exercice peuvent également, soit à titre individuel soit par le biais du groupe auquel ils appartiennent, demander par écrit au président l'inscription à l'ordre du jour des sessions de toute question relevant des attributions du conseil. Le refus d'inscription doit être motivé et notifié au membre ou aux membres qui ont formulé la demande. Cependant, dans tous les cas où la demande écrite a été présentée par la moitié des membres du conseil, le président est tenu d'inscrire ladite question à l'ordre du jour.[120]

C- Quorum

La validité des délibérations du conseil de la région dépend de la présence d'un nombre de conseillers qui dépasse la moitié. Toutefois, lorsque ce quorum n'est pas atteint lors de la première réunion, une deuxième convocation est alors adressée aux membres pour tenir une deuxième réunion dans trois jours au moins et cinq jours au plus, à compter de la date du jour de la première réunion. Si encore une fois le quorum précité n'est pas atteint après la deuxième convocation, le conseil de la région se réunit et délibère valablement après le troisième jour ouvrable quel que soit le nombre des conseillers présents.

Dans tous les cas, le quorum est vérifié au moment de l'ouverture de la session. De ce fait, toute absence ou tout retrait après cette ouverture n'a aucun impact sur la validité du quorum et par conséquent des délibérations.

Les sessions extraordinaires sont plus souples en termes de quorum. A l'instar des sessions ordinaires, leurs délibérations ne sont valides qu'en présence de plus de la moitié des membres du conseil en exercice. Toutefois, si ce quorum n'est pas atteint, la réunion alors est reportée au premier jour ouvrable suivant et se tient valablement quel que soit le nombre des membres présents.[121]

---

[120] Article 43, al. 4 de la loi organique 111-14.

[121] Article 40, al. 2 de la loi organique 111-14.

D- Vote des délibérations

En principe, le conseil de la région prend ses décisions à la majorité absolue des suffrages exprimés. Toutefois, pour certaines questions, la majorité absolue des membres en exercice est requise. Il s'agit des décisions relatives aux questions suivantes :

1- Le programme de développement régional ;

2- Le schéma régional d'aménagement du territoire ;

3- La mise en place des sociétés de développement régional, la modification de leur objet, ou la participation dans leur capital, son augmentation, sa diminution ou sa cession ;

4- La détermination des modes de gestion des services publics régionaux ;

5- Les partenariats avec le secteur privé ;

6- Les contrats comportant soit les compétences exercées de façon partagée avec l'État soit les compétences transférées par ce dernier à la région.

Si à l'occasion de l'examen de ces questions ladite majorité n'est pas atteinte, la décision est alors prise par vote à la majorité absolue des suffrages exprimés lors d'une seconde réunion. Mais en cas de partage égal des voix, celle du président est prépondérante.

§3- Attributions des assemblées régionales

Si la commune est chargée des missions de proximité et si les préfectures et les provinces assurent plutôt des missions à vocation sociale, la principale mission de la région est d'ordre économique et consiste à promouvoir le développement intégré et durable. L'article 30 de la loi organique 111-14 liste les principales missions de la région. Il s'agit notamment de :

- Améliorer l'attractivité du territoire régional et renforcer sa compétitivité en matière économique ;

- Rationaliser l'utilisation des ressources naturelles, et en assurer la valorisation et la préservation ;

- Encourager la création et la domiciliation des entreprises afin de générer la richesse et l'emploi ;

- Contribuer à atteindre les objectifs du développement durable ;

Pour la réalisation de ces missions, le législateur a doté la région de trois types de compétences :

- Des compétences propres ;
- Des compétences partagées entre l'État et la région ;
- Des compétences transférées.

A- Compétences propres

Les compétences propres sont les compétences dévolues à la région et pour lesquelles celle-ci accomplit les missions de planification, de programmation, de réalisation, de gestion et de suivi dans la limite de ses ressources et de son ressort territorial. Ces compétences concernent essentiellement deux domaines à savoir : le développement régional et l'aménagement du territoire.

1- Le développement régional

Dans ce cadre, le conseil de la région adopte des mesures et met en place des services pour assurer des interventions dans les domaines suivants :

- Le développement économique ;

- La formation professionnelle, la formation continue et l'emploi ;

- Le développement rural ;

- Le transport ;

- La culture ;

- L'environnement ;

- La coopération internationale.

Pour assurer ses différentes interventions dans ces domaines, le conseil régional adopte dès sa première année d'élection un programme de développement régional.

2- L'aménagement du territoire

Le conseil de la région doit élaborer un schéma régional d'aménagement du territoire. Le schéma est un document stratégique et prospectif qui doit contient les orientations d'aménagement du territoire de la région et de sa mise à niveau.

B- Compétences partagées

Il s'agit des compétences partagées entre l'État et la région et dont la mise en œuvre passe par le procédé de la contractualisation entre les deux acteurs soit sur l'initiative de l'État soit sur demande de la région. L'État et la région peuvent ainsi mutualiser leurs moyens dans de nombreux domaines dont notamment :

- Le développement économique ;
- Le développement rural ;
- Le développement social ;
- L'environnement ;
- La culture ;
- Le tourisme.

C- Compétences transférées

La région peut bénéficier d'un transfert de compétences de la part de l'État. Ce transfert concerne l'exercice de certaines attributions notamment dans certains domaines, à savoir :

- Les équipements et les infrastructures à dimension régionale ;
- L'industrie ;

- La santé ;
- Le commerce ;
- L'enseignement ;
- la culture :
- Le sport ;
- L'énergie, l'eau et l'environnement.

Le processus de transfert des faits de façon progressive et doit surtout prendre en considération la spécificité de chaque région et de ses propres atouts et contraintes.

§4- Attributions du président

Une des innovations majeures de la loi organique 111-14 de 2015 est d'avoir doté le président du conseil régional de véritables compétences exécutives et réglementaires.

1- En matière budgétaire et financière

Le président du conseil régional a, depuis la loi organique précitée, qualité d'ordonnateur des recettes et es dépenses de la région. Il gère la vie budgétaire et financière de celle-ci. A cet égard, il exerce les attributions suivantes :

- Il est ordonnateur des recettes et es dépenses de la région et à ce titre il est chargé de préparer et d'exécuter le budget régional et prend toutes les décisions fiscales et financières nécessaires ;

- Il prend les mesures nécessaires à l'exécution du programme de développement régional et du schéma régional de l'aménagement du territoire ;

- Il est l'autorité habilitée à approuver les marchés de travaux, de fournitures ou de services.

2- En matière administrative

- Le président du conseil exerce le pouvoir réglementaire. A cet effet, et pour donner suite aux délibérations du conseil, il peut prendre des arrêtés qui doivent être publiés dans le Bulletin officiel des collectivités territoriales[122].

- Il assure la direction des services administratifs de la région.

- Il nomme tout le personnel de son administration et assure la gestion de leur carrière et de leur discipline.

- Il peut déléguer son pouvoir de signature aux vice-présidents dans les différents domaines à l'exception de ceux de la gestion administrative et budgétaire. Il peut également déléguer à chaque vice-président le pouvoir de gérer un secteur bien déterminé.

- En matière administrative, le président peut donner délégation au directeur général des services. Il en est de même la signature documents budgétaires relatifs portant ordonnancement des recettes et des dépenses.

3- En matière juridictionnelle

Le président du conseil de la région est tenu de défendre les intérêts de la région devant la justice. A cet effet, il est habilité à saisir les différents tribunaux pour toutes les affaires qui concernent les intérêts de la région et à en assurer le suivi.

§5- L'agence régionale d'exécution des projets (AREP)

Il s'agit d'une particularité de la loi organique 111-14 qu'on ne retrouve aucunement au niveau des autres collectivités territoriales. Le législateur a mis en place une agence régionale d'exécution des projets (AREP). Cette structure est une des propositions de la commission consultative de la régionalisation avancée. Elle est créée par une loi et est dotée de l'autonomie administrative et financière

---

[122] Article 102 de la loi organique 111-14.

et agissant sous la tutelle du conseil de la région et au contrôle financier de l'État applicable aux entreprises publiques.

A- Missions

L'agence assure deux missions essentielles :

- Elle apporte au conseil de la région, à la demande de son président, assistance juridique et expertise en ingénierie technico-financière à l'occasion de l'étude et de l'élaboration des projets et programmes de développement ;

- Elle assure l'exécution de ces mêmes projets et programmes.

B- Organes

L'agence est administrée par deux organes principaux à savoir : un comité de supervision et de contrôle et un directeur.

1- Le comité de supervision et de contrôle

Ce comité est placé sous la présidence du président du conseil de la région. Il est composé des membres suivants :

- Deux membres désignés par le président parmi les membres du bureau du conseil de la région ;
- Un membre représentant les groupes de l'opposition et dont la désignation relève du conseil de la région ;
- Le président de la commission du budget, des affaires financières et de la programmation de la région ;
- Le président de la commission du développement économique, social, culturel et environnemental de la région ;
- Le président de la commission de l'aménagement du territoire de la région.

Le comité tient au moins trois sessions de réunions par an, au cours des mois de février, juin et septembre.

Il assure plusieurs compétences administratives et financières dont notamment l'élaboration du budget, l'approbation des états comptables, la fixation du statut du personnel de l'agence et l'approbation du rapport annuel établi par le directeur.

2- Le directeur de l'agence

L'AREP est dirigée par un directeur, désigné le président du conseil par arrêté, à l'issue d'un appel à candidature. Cette nomination est toutefois subordonnée à l'approbation de l'autorité gouvernementale chargée de l'intérieur. Le statut du directeur de l'AREP est incompatible avec celui de conseiller élu d'une collectivité territoriale. Il ne peut avoir ni mandat dans une instance élue sur le territoire de la région de son affectation ni aucune fonction dans le secteur public ou privé.[123]

Le directeur exerce les missions suivantes :

- Il est chargé de mettre en œuvre les décisions émanant du comité de supervision et de contrôle ;

- Il agit au nom de l'agence et gère ses affaires ;

- Il est le représentant légal de l'agence devant la justice et est habilité à intenter les actions dont l'objet est de défendre les intérêts de son établissement, sous réserve d'en informer le président du comité de supervision et de contrôle

- Il établit le projet du budget de son agence ;

- Il rédige le rapport annuel qui relate les activités de l'agence, son fonctionnement, ses finances et ses litiges ;

- Il a la qualité du supérieur hiérarchique du personnel de son agence.

[123] Article 138 de la loi organique 111-14.

BIBLIOGRAPHIE SÉLECTIVE

I- Ouvrages

- André De Laubadère, *Traité de Droit administratif*, LGDJ, 1980.
- Auguste Vivien, *Études administratives*, Guillaumin, 2ème édition, Paris, 1852.
- Driss BASRI, *La décentralisation au Maroc : de la commune à la région*, Ed. Nathan, 1994.
- Driss Basri, *L'administration territoriale : l'expérience marocaine*, Editions Bordas, 1990.
- Hassan OUAZZANI CHAHIDI, *Droit administratif*, Nouvelle édition revue et argumentée, 2003.
- M'faddel Smires, *Centralisation et décentralisation territoriale au Maroc*, Publications de l'Université Sidi Mohammed Ben Abdellah, Collection de la faculté des sciences juridiques économiques et sociales, Série Thèses, n°1, Fès, 2001.
- Michel Rousset et Jean Garagnon, *Droit administratif marocain*, Publications de la Revue marocaine d'administration locale et de développement, Collections Thèmes actuels, n°127, 2024.
- Michel Rousset et Mohammed Amine Benabdellah, *Droit administratif marocain*, Publications de la Revue marocaine d'administration locale et de développement, 2017.
- Mohamed Brahimi, *La commune marocaine : un siècle d'histoire. De la veille du protectorat à 2009*, Publications de la revue marocaine d'administration locale et de développement, Collection Thèmes actuels, n°65, 2010.
- Pierre Devolvé, *Le droit administratif*, Editions Dalloz, 2024.
- Rolland Drago, *Cours de science administrative*, Paris, 1970.

II- Articles

- Ahmed Zejjari, « La décentralisation : enjeu du rapport central-local », *Revue marocaine d'administration locale et de développement,* n°1, octobre-décembre 1992.
- Henri Nicolas-Mourer, « Les collectivités locales dans l'administration territoriale du royaume du Maroc », *Annuaire de l'Afrique du Nord,* Volume 2, 1963.
- Michel ROUSSET, « La déconcentration : mythe ou réalité », *Revue marocaine d'administration locale et de développement,* n°9, 1994.
- Mohamed BRAHIMI, « La décentralisation marocaine : évaluation d'une formation en plusieurs actes », *Revue marocaine d'administration locale et de développement,* n° 12, juillet-septembre 1995.
- Mohammed EL-YAGOUBI, « La déconcentration administrative à la lumière du décret du 20 octobre 1993 », *Revue marocaine d'administration locale et de développement,* n°6, 1996.
- René MAUDUIT, « Le Makhzen marocain », *Bulletin de l'Afrique française,* 1903.

TABLE DES MATIÈRES

Structures éditoriales du groupe L'Harmattan

L'Harmattan Italie
Via degli Artisti, 15
10124 Torino
harmattan.italia@gmail.com

L'Harmattan Hongrie
Kossuth l. u. 14-16.
1053 Budapest
harmattan@harmattan.hu

L'Harmattan Sénégal
10 VDN SICAP AMITIE 3
BP 45034 Dakar-Fann
direction@senharmattan.com

L'Harmattan Cameroun
Tsinga/Derrière polyclinique FECAFOOT
BP 11486 Yaoundé
Jacques.koukam@harmattan.fr

L'Harmattan Burkina Faso
Villa 281, secteur 23 623, rue 14.32
Ouagadougou
zagbie@outlook.fr

L'Harmattan Guinée
Almamya, rue KA 028 OKB Agency
BP 3470 Conakry
harmattanguinee@yahoo.fr

L'Harmattan RDC
185, avenue Nyangwe
Commune de Lingwala - Kinshasa
matangilamusadila@yahoo.fr

L'Harmattan Congo
219, avenue Nelson Mandela
BP 2874 Brazzaville
deunovmikhael@gmail.com

L'Harmattan Mali
Immeuble Mgr Jean Marie Cissé
Aci Hamadallaye
BP 145 Bamako
syllaka@yahoo.fr

L'Harmattan Togo
Djidjole - Maison Amela
face EPP BATOME
02 BP 20680 Lomé
didieramela11@gmail.com

L'Harmattan Côte d'Ivoire
Résidence Karl - Cité des Arts
Abidjan-Cocody
03 BP 1588 Abidjan
harmattan.ivoire@gmail.com

L'Harmattan Bénin
Rue 604, (Immeuble à l'entrée
de la rue UCAO- Cite de Saint-Jean)
Cotonou
stepcorpus@gmail.com

Nos librairies en France

Librairie internationale
16, rue des Écoles
75005 Paris
librairie.internationale@harmattan.fr
01 40 46 79 11
www.librairieharmattan.com

Librairie des savoirs
21, rue des Écoles
75005 Paris
librairie.sh@harmattan.fr
01 46 34 13 71
www.librairieharmattansh.com

www.ingramcontent.com/pod-product-compliance
Lightning Source LLC
LaVergne TN
LVHW021213061026
849535LV00008B/2716
* 9 7 8 2 3 3 6 5 4 0 1 2 2 *